中华人民共和国行业推荐性标准

采空区公路设计与施工技术细则

Guidelines for Design and Construction of Highway Engineering in the Mined-out Area

JTG/T D31-03—2011

主编单位：山西省交通规划勘察设计院
批准部门：中华人民共和国交通运输部
实施日期：2011 年 07 月 01 日

人民交通出版社

图书在版编目(CIP)数据

采空区公路设计与施工技术细则. JTG/T D31-03—2011/山西省交通规划勘察设计院主编. —北京：人民交通出版社，2011.6
ISBN 978-7-114-09181-0

I. ①采… II. ①山… III. ①采空区—道路工程—设计②采空区—道路工程—工程施工—施工技术 IV. ①U412.36②U415.6

中国版本图书馆 CIP 数据核字(2011)第 106118 号

中华人民共和国行业推荐性标准

采空区公路设计与施工技术细则

JTG/T D31-03—2011

山西省交通规划勘察设计院　主编
人民交通出版社出版发行
(100011　北京市朝阳区安定门外外馆斜街3号)
各地新华书店经销
北京市密东印刷有限公司印刷

开本：880×1230　1/16　印张：8　字数：164 千
2011 年 6 月　第 1 版
2018 年 3 月　第 3 次印刷
定价：40.00 元
ISBN 978-7-114-09181-0

# 中华人民共和国交通运输部

公 告

2011 年第 29 号

关于发布《采空区公路设计与施工技术细则》（JTG/T D31-03—2011）的公告

现发布《采空区公路设计与施工技术细则》（JTG/T D31-03—2011），自 2011 年 7 月 1 日起施行。

该《细则》的管理权和解释权归交通运输部，日常解释和管理工作由主编单位山西省交通规划勘察设计院负责。请各有关单位在实践中注意总结经验，及时将发现的问题和修改建议函告山西省交通规划勘察设计院（地址：太原市并州南路 69 号，邮政编码：030012），以便修订时研用。

特此公告。

中华人民共和国交通运输部
二〇一一年五月二十七日

主题词：公路　采空区　设计　施工　细则　公告

交通运输部办公厅　　　　　　　　　　　　　　2011 年 6 月 1 日印发

前　言

根据交通运输部《关于下达2008年度公路工程行业标准制修订项目年度计划的通知》(交公路发〔2008〕147号),由山西省交通规划勘察设计院为主编单位,负责《采空区公路设计与施工技术细则》的制定工作。

制定过程中,编制组对全国已建和在建的采空区公路进行了较为全面的技术调研,参考了国内外近十余年来有关采空区公路的科研成果和技术资料,充分吸收了我国采空区公路建设经验,广泛征求了勘察、设计、施工、检测及科研院校等单位专家的意见和建议。本细则以可靠的技术依据和较为成熟的经验为基础,符合我国采空区公路建设的实际情况。

本细则共分8章、8个附录,主要内容包括采空区勘察,采空区稳定性分析与评价,采空区公路设计,采空区处治设计与施工,以及采空区处治监测与检测。本细则系统总结了我国采空区公路设计与施工十余年来的技术与方法,增加了井下测量,确定了场地稳定性和地基稳定性的评价方法及标准,吸纳了多种采空区处治方法,明确了采空区注浆质量验收标准。

请各单位在执行过程中,将发现的问题和意见函告山西省交通规划勘察设计院(地址:太原市并州南路69号,邮编:030012,电话:0351-5669914,E-mail:tytzz@163.com),以便修订时研用。

主 编 单 位:山西省交通规划勘察设计院
参 编 单 位:中交第二公路勘察设计研究院有限公司
　　　　　　中国地质大学(北京)
　　　　　　中交通力建设股份有限公司
主要起草人:郜玉兰　聂承凯　马健中　田志忠　李贵顺　李英杰
　　　　　　何万龙　张永波　孙雅洁　王亚伟　赵虎生　窦随兵
　　　　　　崔　兰　何天牛　陈　林　慎乃齐　张　彬　杨俊生
　　　　　　骆凤涛

目 录

1 总则 1
2 术语和符号 2
  2.1 术语 2
  2.2 符号 5
3 采空区勘察 7
  3.1 一般规定 7
  3.2 勘察方法 7
  3.3 勘察阶段 10
  3.4 采空区勘察报告 14
  3.5 原始资料归档 15
4 采空区稳定性分析与评价 16
  4.1 一般规定 16
  4.2 采空区稳定性评价标准 16
  4.3 采空区稳定性评价方法 18
  4.4 各勘察阶段采空区稳定性评价要求 19
5 采空区公路设计 21
  5.1 一般规定 21
  5.2 路线设计 21
  5.3 路基、路面设计 22
  5.4 桥梁设计 23
  5.5 隧道设计 24
  5.6 公路保护矿柱留设 26
6 采空区处治设计 27
  6.1 一般规定 27
  6.2 注浆法 27
  6.3 其他处治设计方法 34
7 采空区处治施工 39
  7.1 一般规定 39
  7.2 注浆法处治施工 39
  7.3 其他处治方法施工 44
8 采空区处治监测与检测 47

8.1 一般规定	47
8.2 采空区处治监测	47
8.3 采空区处治检测	49
8.4 采空区处治质量验收标准	50
附录A 采空区勘察方法有关表格	52
附录B 采空区移动变形观测有关表格	54
附录C 采空区冒落带、裂隙带计算方法	61
附录D 采空区地表移动变形计算	63
附录E 公路保护矿柱留设	70
附录F 采空区注浆处治施工	72
附录G 采空区处治监测	80
附录H 地表移动变形计算表	82
本细则用词说明	83
附件 《采空区公路设计与施工技术细则》(JTG/T D31-03—2011)条文说明	85
1 总则	87
3 采空区勘察	89
4 采空区稳定性分析与评价	93
5 采空区公路设计	100
6 采空区处治设计	105
7 采空区处治施工	109
8 采空区处治监测与检测	115

1 总则

1.0.1 为指导采空区公路工程建设,明确采空区公路勘察、设计、施工、监测与检测要求,保证采空区公路工程建设质量及运营安全,制定本细则。

1.0.2 本细则适用于煤矿采空区新建和改(扩)建各级公路。

1.0.3 公路勘察设计应避让采空区,难以避让时,宜以路基方式通过。

1.0.4 采空区公路建设应合理利用矿渣等采矿废弃物作为筑路材料及处治填充料。

1.0.5 采空区公路勘察、设计、施工、监测与检测,应贯彻国家技术经济政策,积极采用成熟可靠的新技术、新材料和新工艺。

1.0.6 采空区公路勘察、设计、施工、监测与检测,必须符合国家在安全生产方面的有关规定,采取完备的安全生产措施,保障人员和设施安全。

1.0.7 采空区公路勘察、设计、施工、监测与检测,必须符合国家在环境保护方面的有关规定。

1.0.8 采空区公路勘察、设计、施工、监测与检测,除应符合本细则的规定外,尚应符合国家和行业现行有关标准的规定。

2 术语和符号

2.1 术语

2.1.1 基本术语

1 采空区 mined-out area

地下固体矿床开采后的空间,及其围岩失稳而产生位移、开裂、破碎垮落,直到上覆岩层整体下沉、弯曲所引起的地表变形和破坏的地区或范围。狭义的采空区指开采空间。

2 回采率 mining rate

矿产采出量占工业储量的百分比。

3 采深采厚比 ratio of mining depth and working thickness

矿层开采深度与法向开采厚度的比值,简称深厚比。

4 坚硬覆岩 hard overburden

岩体完整,抗扰动能力强,天然单轴抗压强度大于60MPa的上覆岩层。

5 软弱覆岩 soft overburden

岩体破碎,抗扰动能力弱,天然单轴抗压强度小于30MPa的上覆岩层。

6 中硬覆岩 medium overburden

介于坚硬覆岩与软弱覆岩之间,天然单轴抗压强度介于30~60MPa之间的上覆岩层。

7 矿层顶板 mine seam roof

位于矿层上面的岩层。矿层顶板由下而上可分为伪顶、直接顶和老顶。

8 井巷工程 roadway engineering

在地层内开凿的井巷和洞室等工程。

9 矿柱 mine pillar

在矿井内特定部位为确保井巷、建筑物以及生产安全保留不予开采的部分矿层。矿柱主要有井巷保护矿柱、建(构)筑物保护矿柱、矿井边界矿柱以及防水(沙)安全隔离矿柱等几大类。

10 自然垮落 spontaneous collapse

让采空区顶板自然塌落的一种顶板管理方法。

11 覆岩破坏三带 three zone of deformation of strata above an extracted area

矿层采出后,其覆岩在垂直方向上的破坏可分为冒落带、裂隙带、弯曲带,简称"三带"。

12　冒落带 zone of shattered

直接位于采空区上方的顶板岩层,在自重和上覆岩层重力作用下,所受应力超过本身强度时,断裂、破碎、塌落的岩层。

13　裂隙带 zone of fracture

冒落带上部的岩层在重力作用下,所受应力超过本身的强度时,产生裂隙、离层及断裂,但未塌落的岩层。

14　弯曲带 zone of curve

裂隙带上部的岩层在重力作用下,所受应力尚未超过岩层本身的强度,产生微小变形,但整体性未遭破坏,也未产生断裂,仅出现连续平缓的弯曲变形带。

15　地表松散层沉陷变形带 zone of subsidence deformation of surface overburden

地下矿层大面积采出后,矿层上部岩层失去支撑,平衡条件被破坏,使岩层弯曲、塌落,引起地表松散层下沉变形或裂缝的区域。

2.1.2　采空区类型、开采方式有关术语

1　长壁式开采 long-wall mining

工作面较长的壁式开采方式,工作面长度一般为 100～300m,分走向长壁和倾向长壁。

2　房柱式开采 room and pillar mining

从区段平巷每隔一定距离掘出矿房进行采矿至区段上部边界,后退扩采矿房两侧煤柱的开采方式。

3　短壁式开采 short-wall mining

为长壁式开采和房柱式开采的结合。采用房柱式开采出煤柱,煤柱的回采是靠沿其一侧的长壁式开采方式进行。

4　巷柱式开采 roadway and pillar mining

在区段范围内,每隔 10～30m 沿煤层切割成 10～30m 的方形或矩形煤柱,然后按区段后退式开采顺序陆续回采的开采方式。

5　条带式开采 partial mining

复杂地质条件下将采区分成条带进行开采的方式,分充填条带和非充填条带两大类。

6　充填式开采 filled mining

边开采边在采空区进行充填的开采工艺。

7　充分采动 full mining

地下煤层采出后,地表下沉值达到该地质采矿条件下应有的最大值的采动。

8　非充分采动 insufficiency mining

采空区的尺寸没有达到充分采动的临界值,地表下沉也未达到该地质采矿条件下应有的最大下沉值时的采动。

9　超充分采动 ultra full mining

采空区的尺寸超过充分采动的临界值,地表下沉也达到该地质采矿条件下应有的最

大下沉值并且形成平底下沉盆地时的采动。

10 浅层采空区 shallow mined-out area
采深采厚比不大于40的采空区。

11 中深层采空区 middle-deep mined-out area
采深采厚比介于40~120的采空区。

12 深层采空区 deep mined-out area
采深采厚比不小于120的采空区。

13 准采区 preparatory mining area
已经规划设计,尚未开采的采区。

14 新采空区 new mined-out area
正在开采或停采时间少于一年的采空区。

15 老采空区 old mined-out area
已停止开采且停采时间超过一年的采空区。

16 水平(缓倾斜)采空区 level mined-out area
矿层水平或倾角不大于15°的采空区。

17 倾斜采空区 inclined mined-out area
矿层倾角介于15°~75°的采空区。

18 急倾采空区 acute inclined mined-out area
矿层倾角不小于75°的采空区。

2.1.3 地表移动变形有关术语

1 地表移动 ground movement
地下矿层开采引起上覆岩层自下而上直至地表产生移动、变形和破裂,导致地表产生的位移。

2 地表移动盆地 ground subsidence basin
地下矿层开采引起地表下沉,从而在采空区上方地面形成比采空区范围大的洼地。

3 移动盆地主剖面 main profile of movement basin
通过地表移动盆地的最大范围和最大下沉点所做的沿矿层走向方向或倾斜方向的垂直剖面。

4 地表下沉 surface subsidence
地表移动盆地内地表点移动矢量的垂直分量。

5 地表水平移动 surface horizontal movement
地表移动盆地内地表点移动矢量的水平分量。

6 地表倾斜变形 surface inclined movement
由于地表相邻两点的不均匀下沉而产生的相对垂直位移。

7 地表水平变形 surface horizontal deformation
由于地表相邻两点的不均匀水平移动而产生的相对水平位移。

8 地表曲率变形 surface curvature deformation

由于地表相邻点间的倾斜变形不均匀而产生的地表弯曲。

9 下沉系数 subsidence coefficient

在充分采动条件下，开采近水平矿层时地表最大下沉值与开采厚度之比。

10 边界角 boundary angle

在充分采动或接近充分采动情况下，地表移动盆地主剖面上盆地边界点（下沉值为10mm）至采空区边界的连线与水平线在矿柱一侧的夹角。考虑松散层时，尚应根据松散层移动角确定。

11 移动角 displacement angle

在充分采动情况下，移动盆地主剖面上临界变形值的点和采空区边界连线在矿柱一侧与水平线之间所夹的锐角。

2.2 符号

2.2.1 采空区地表移动变形有关符号

W ——下沉值(mm)；

i ——倾斜值(mm/m)；

K ——曲率值(mm/m^2)；

U ——水平移动值(mm)；

ε ——水平变形值(mm/m)；

q ——下沉系数；

M ——矿层采出厚度(m)；

r ——主要影响半径(m)；

b ——水平移动系数；

L、l ——采空区走向、倾向计算长度(m)；

θ ——开采影响传播角(°)；

T ——移动延续期；

T_c ——移动初始期；

T_h ——移动活跃期；

T_s ——移动衰退期；

ΔT ——剩余移动期；

H_m ——冒落带高度(m)；

H_l ——裂隙带高度(m)；

H_i ——建筑物基础深度(m)；

H_r ——建筑物加载对地基的扰动深度(m)；

ΔW ——剩余下沉值(mm)；

Δi ——剩余倾斜变形值(mm/m)；

ΔK——剩余曲率变形值(mm/m^2);

ΔU——剩余水平移动值(mm);

$\Delta \varepsilon$——剩余水平变形值(mm/m)。

2.2.2 注浆技术参数有关符号

A——注浆浆液损耗系数;

C——注浆浆液结石率;

η——注浆浆液充填系数;

ΔV——采空区剩余空隙率;

V_1——浆液结石体体积。

3 采空区勘察

3.1 一般规定

3.1.1 采空区公路工程地质勘察必须根据公路基本建设程序分阶段并按各阶段深度的要求开展工作。施工过程中发生新采或复采时,应进行补充勘察。

3.1.2 采空区勘察应满足采空区稳定性分析与评价的要求,且应根据现场地形地质条件、工程结构设置、勘察手段的适用条件等,选择适宜的勘察方法。

3.1.3 采空区勘察应充分收集矿产及其采掘资料,以及压覆资源、地灾评估报告等资料,且应对收集到的资料的完整性、可靠性进行分析和验证。

3.1.4 采空区勘察报告应由文字说明和图件资料组成,并附有必要的影像资料。文字说明应按任务要求、勘察阶段和工程项目的特点进行编写,内容应符合勘察报告的要求。

3.1.5 采空区有害气体的专项检测与评价,应委托具备相应资质的单位进行。

3.1.6 对破坏严重的大型、复杂、多层开采的采空区,应进行专题研究。

3.2 勘察方法

3.2.1 采空区勘察应收集以下资料:
1 区域地质勘察报告、区域水文地质报告、项目压覆资源和地灾评估报告及其相应的图纸资料。
2 矿区地质报告,包括矿产的种类、分布、厚度、储量、深度和埋藏特征。
3 矿产采掘工程平面图、井上井下对照图、采区平面布置图、开采规划图以及相关的文字资料。
4 采空区的覆岩破坏和地表移动、变形观测资料。
5 采空区公路已有的勘察、设计、施工、监测与检测资料。

3.2.2 采空区调查与测绘应符合下列规定：

1 区域工程地质调绘应查明下列主要内容：

1）地形地貌，地质构造，地层的时代、成因、岩性、产状及厚度分布。

2）地下水的埋深及动态变化，地表水和地下水水质及其腐蚀性。

3）不良地质的类型、分布范围、基本特征及其与采空区的相互关系。

2 采空区专项调查应包括以下内容：

1）矿产的经营性质、开采矿种、开采规模、开采层位、开采方式、回采率、顶板管理方式及开采的起始、终止时间。

2）采空区的埋深、采高、开采范围、空间形态、顶板支护方式、顶板垮落情况（冒落带、裂隙带高度和垮落物充填情况）。

3）采空区地下水赋存、水质和补给状况。

4）矿渣堆放的位置、规模及其对公路工程的影响。

5）矿区突水、冒顶和有害气体等灾害性事故情况。

6）采空区地表变形程度、影响范围和地表移动盆地特征。

7）采空区地表建（构）筑物的类型、基础形式、变形破坏情况及其原因。

3 采空区地表测绘和井下测绘应符合下列规定：

1）应通过现场测绘和描述等手段，对矿井口、巷道口及地表塌陷裂缝的形状、走向、宽度、深度等变形要素进行标定和编录，确定采空区的地表变形范围及程度。

2）有条件的矿区，应深入井下，对巷道和采空区内部进行测绘，并描述巷道的断面及其支护衬砌情况和采空区顶板的垮落状况。

3.2.3 移动变形观测应符合下列要求：

1 观测线宜平行和垂直路线布设，长度应大于采空区的地表移动变形范围。

2 观测点宜等间距布置，其间距可按表3.2.3-1确定。

表3.2.3-1 观测点间距

开采深度 H(m)	≤50	50~100	100~200	200~300	300~400	≥400
观测点间距 L(m)	10	10~20	20~30	30~40	40~50	50

3 对于长壁陷落法采空区，观测周期可按表3.2.3-2确定。其他非长壁陷落法采空区，其观测周期可根据开采方式和回采率适当延长。

表3.2.3-2 观测周期取值

开采深度 H(m)	≤50	50~100	100~150	150~200	≥200
观测周期(d)	10~20	20~30	30~60	60~90	90

4 观测控制点应设在不受采空区影响的稳定区域。冻土地区控制点基底应在冰冻线以下不小于0.5m。

5 变形观测点的埋设、观测等方法和精度应参照现行《工程测量规范》(GB 50026)变形测量部分的相关要求执行。

3.2.4 物探可采用电法、电磁法、地震法、测井法、重力法、放射性等方法。各物探方法的适用条件可按本细则附录表A.0.2的规定采用。

1 物探应综合考虑现场地形地质条件、采空区埋深及分布情况。当采用两种以上物探方法时,宜按表3.2.4选用,先选择一种物探方法进行大面积扫面,再用第二种方法在异常区加密探测。

表3.2.4 物探组合方法

地形情况	地形平坦,较平坦				地形起伏较大
采空区埋深(m)	≤10	10~30	30~100	≥100	
第一种方法	地质雷达法	高密度电法	瞬变电磁法	地震反射波法	瞬变电磁法
第二种方法	高密度电法	瞬变电磁法	地震反射波法	瞬变电磁法	地震反射波法
第三种方法	瞬态面波法	瞬态面波法	可控源音频大地电磁法		

2 在有钻孔的工作区,应采用综合测井、孔内电视及跨孔物探等方法进行井中物探。

3.2.5 工程钻探应符合下列要求:

1 工程钻探应对收集、调查的资料、测绘及工程物探成果进行验证,并查明以下内容:
1)采空区覆岩岩性、结构特征以及采空区的分布范围、空间形态和顶底板高程。
2)采空区引起的冒落带、裂隙带和弯曲带的分布、埋深和发育状况。
3)采空区中是否赋存瓦斯等有害、有毒气体。
4)采空区顶板、上覆岩层的岩性及其物理力学性质。
5)采空区的水文地质条件,包括地下水位、水化学类型及其对混凝土的腐蚀性。

2 钻孔应综合考虑下列情况进行布置:
1)资料收集的完整性、有效性及调绘成果;
2)工程物探异常区域;
3)地表变形观测资料;
4)综合测井和跨孔物探的需要;
5)采空区上覆工程类型的重要程度。

3 钻孔地质描述除应满足一般工程地质地层描述的要求外,尚应重点描述采空区三带特征。

4 钻探施工要点与技术要求及三带判定依据应分别符合表3.2.5-1和表3.2.5-2的规定。

表3.2.5-1 钻探施工要点与技术要求

钻机	钻具	冲洗液	现场技术要求	钻孔编录
根据采空区所处的地形和埋深合理选用工程地质钻机，必要时可采用地锚加固钻架	1.一般完整地层用普通单管钻具钻进； 2.软硬互层、破碎松散地层宜采用压卡式单动双管钻具钻进； 3.坚硬岩层宜采用喷反钻具钻进	1.致密稳定地层中宜采用清水钻进； 2.黄土地层可采用无冲洗液钻进	1.地下水位、标志地层界面及采空区顶、底板测量误差应控制在±0.05m以内。 2.取芯钻进回次进尺应限制在2.0m以内。 3.除原位测试及有特殊要求的钻孔外，钻孔均应全孔取芯。坚硬完整岩层取芯率不应低于85%，强风化、破碎的岩石不应低于50%。 4.注意观测地下水位并进行简易水文地质观测。 5.孔斜每百米应小于1°	1.现场记录应及时、准确、按回次进行，不得事后追记； 2.描述内容应规范、完整、清晰； 3.钻探记录和岩芯编录，应由专业技术人员承担，并有记录员及机长签字； 4.绘制钻孔柱状图

表3.2.5-2 采空区钻探现场描述要点与三带判定依据

冒落带判定依据	裂隙带判定依据	弯曲带判定依据
1.突然掉钻； 2.埋钻、卡钻； 3.孔口水位突然消失； 4.孔口吸风； 5.进尺特别快； 6.岩芯破碎混杂，有岩粉、淤泥、坑木等； 7.瓦斯等有害气体上涌	1.突然严重漏水或漏水量显著增加； 2.钻孔水位明显下降； 3.岩芯有纵向裂纹或陡倾角裂缝； 4.钻孔有轻微吸风现象； 5.瓦斯等有害气体上涌； 6.岩芯采取率小于75%	1.全孔返水； 2.无耗水量或耗水量小； 3.取芯率大于75%； 4.进尺平稳； 5.开采矿层岩芯完整，无漏水现象

3.3 勘察阶段

3.3.1 预可阶段勘察应符合下列要求：

1 应了解公路建设范围内地质条件、矿产分布、采掘及压覆资源情况，研究项目区内各路线方案采空区的分布范围及工程地质特征，分析评价采空区对路线方案及工程方案的影响程度，依据工程地质条件论证路线方案的可行性与合理性，为编制预可行性研究报告提供资料。

2 本阶段应以收集资料和采空区专项调查为主，勘察区域应满足预可研究要求，勘察成果应汇总在预可研究报告中。

3.3.2 工可阶段勘察应符合下列要求：

1 应初步查明公路建设范围内地质条件、矿产分布、采掘及压覆资源情况，定性评价采空区稳定性，论证拟建公路采空区及矿产资源的分布特征及其对公路工程的影响，为路线走廊带及方案比选提供依据。

2 本阶段应以收集资料、调查与测绘为主,必要时可辅以大比例尺航卫片解译,以及进行少量勘探工作。本阶段应按附录表 A.0.1 填写采空区调查表。

3 调查范围沿路线方向长度应为下伏采空区及其变形影响范围,宽度为中线两侧各不宜小于 1 000m。

4 本阶段勘察成果应包括文字说明、采空区工程地质平面图、纵断面图及必要的影像资料。

3.3.3 初步勘察应符合下列要求:

1 在可行性研究阶段勘察基础上,应进一步收集地质、采矿资料,基本查明采空区水文地质及工程地质条件、采空区分布及其要素特征,并取样测试采空区破碎岩体及其上覆岩层物理力学参数,分析计算采空区地表已完成的沉陷量及剩余沉陷量,为路线方案比选、评价采空区稳定性、确定采空区处治方案及处治设计提供依据,确定路线压覆资源范围。

2 本阶段应以采空区专项调查、测绘、地面变形观测及工程物探为主要勘察方法,辅以适当的钻探,有条件时应进行井下测量。

3 勘察范围沿路线长度应为压伏采空区的影响范围,宽度为路线中心两侧各不宜小于 500m。勘探宽度应考虑路基的挖深、填高及采空区的埋深及其移动角的影响。勘探深度应大于采空区埋深。

4 采空区专项调查应完成以下工作内容:

1)结合已收集的资料,通过地面和井下调查,走访相关单位和人员,对公路沿线矿产的开采情况、矿井坑口的分布位置及采空区基本要素进行专项调查。

2)应对专项调查资料和已收集的资料进行综合分析,将资料成果转绘到路线平面图中,包括地质界限、矿界、采空区分布范围及井口位置等,初步形成采空区工程地质平面图、纵断面图。

3)根据收集和专项调查资料的完整程度和有效性分析,确定本阶段的勘探方法、范围及工作量。

5 采空区测绘应符合以下要求:

1)对采空区引起的地表变形特征、范围、规模及地裂缝、塌陷、房屋裂缝等应进行测绘,并对较大裂缝及塌陷进行编号和描述,描述内容应符合本细则第 3.2.2 条规定。

2)测绘成果应补充在工程地质平面图和工程地质纵断面图中。

3)有条件时应进行井下测量。

6 采空区地表变形观测应符合以下要求:

1)桥梁或隧道工程下伏新采空区时,应建立观测网进行观测;路基工程宜建立观测网进行观测。

2)桥梁或隧道工程下伏老采空区时,可建立观测网进行观测。

3)观测网的建立除应符合本细则第 3.2.3 条的规定外,尚应符合下列规定:

——桥梁观测网:根据桥梁孔跨,可隔墩或逐墩在墩台位置上布置横向测线,每条测线宜布设5个点,其中墩台中心1个点,两侧15m各1个点,再向两侧延伸30m各1个点,测线总长宜为90m,特殊情况可适当加密加长。

——隧道观测网:分离式隧道观测线宜沿隧道走向方向布置5条,其中左、右洞顶各1条,两洞之间1条,两洞外侧30m各1条,每条测线的第1个点及最后一个点应布设在两端洞口附近,其余测点均匀布设,点距应根据隧道长度控制在50~100m。

——路基观测网:当路基填、挖小于等于10m时,沿路线方向宜布设3条观测线,分别在路线中心及两侧坡脚或堑顶;当填、挖大于10m时,沿路线方向布5条观测线,分别在路线中心及两侧路肩、坡脚或堑顶。每条测线的第1个点及最后一个点应布设在采空区两端,其余测点均匀布设,点距不宜小于100m。

4) 应分析及整理变形观测资料,填写水平及垂直位移变形观测成果表,经计算分析后形成水平及垂直位移变形速率统计表,为采空区稳定性评价提供依据。有关移动变形观测表格可按本细则附录表B.0.1~表B.0.4执行。

7 物探方法应根据采空区要素特征并结合项目区地形、地质条件,按本细则表3.2.4选用。

1) 测线宜平行路线布设,每个测区内不应少于3条测线,路线中线应有1条测线。测线有效长度不应小于采空区长度,宽度应根据采空区埋深确定,解译深度应达到采空区以下30~50m。

2) 物探点、线距的选择应根据回采率确定,点距不宜大于15m,线距不宜大于20m,点、线距离可按表3.3.3-1的规定确定,测点精度应满足1:1 000~1:2 000平面图要求。

表3.3.3-1 物探点、线距参考值

回采率(%)	点距(m)	线距(m)
≤40	2~5	5~10
40~60	5~10	10~15
≥60	10~15	15~20

8 钻孔布置应符合下列要求:

1) 应布置在地面变形较大及物探异常的区域。

2) 孔位应结合构造物的设置布置,桥梁钻孔应布置在墩台处。

3) 钻孔深度应达到采空区或矿层底板以下2~3m,同时应满足构造物孔深要求。

4) 钻孔布置应根据收集资料的完整性和有效性,结合物探成果按表3.3.3-2确定。物探异常区不得少于1孔,采空区桥梁范围内宜隔墩布孔,采空区隧道范围内不得少于2孔。

表3.3.3-2 隧道、路基钻孔布置表(单位:个)

工程类型	采空区长度(m)		
	≤500	500~2 000	≥2 000
隧道	2~4	4~6	≥7
路基	1~3	3~5	≥6

注:初勘可取低值,详勘取高值。

5）孔位平面误差应小于0.5m；高程误差应小于0.05m。钻孔直径应满足岩芯试验和孔内测试的要求，不得小于90mm。当孔深大于50m时，应进行孔斜测量，斜度每100m不应大于1°。

6）钻孔应全孔取芯，钻探每个回次进尺不得大于2m，岩芯采取率在冒落带和裂隙带分别不应小于30%和50%，其余深度范围应符合现行《公路工程地质勘察规范》（JTG C20）的规定。钻探施工要点与技术要求应按本细则表3.2.5-1的规定采用。

7）钻探地质描述除符合一般工程地质要求外，应重点记录采空区及其三带的位置和特征。具体要求应按本细则表3.2.5-2的规定采用。

9 取样与试验应符合下列要求：

1）单层厚度为0.5~2.0m的地层应取样1件；厚度大于2.0m时，应每隔2.0m取样1件；

2）三带中的岩芯应以描述为主并进行详细编录，内容可按本细则表3.2.5-2的规定采用；

3）其他部位的样品除应做常规物理试验外，土样尚应加做剪切试验，岩石加做饱和单轴抗压强度及抗剪强度试验；

4）钻孔或矿井中采取的地下水应做简分析，并评价其对注浆材料的腐蚀性；

5）采空区中的有毒、有害气体应做专项测试和评价。

10 钻孔资料整理应符合下列规定：

1）应说明钻孔位置及布孔目的；

2）应对孔深、岩性、岩体破碎程度、塌孔、漏浆及掉钻现象等进行描述；

3）应对钻孔资料进行分析，判定矿层年代、编号、层数，并确认开采情况；

4）应绘制钻孔柱状图，将岩芯描述、物理力学指标标注在图中；

5）应核实并修正已编制的工程地质纵断面图中采空区埋深。

11 采空区三带的确定，宜通过钻探及其岩芯描述并辅以测井资料按本细则表3.2.5-2的规定进行判断；也可根据采厚、覆岩性质及岩层倾角进行计算，计算公式及使用条件应按本细则附录C的规定采用。

3.3.4 详细勘察应符合下列要求：

1 在初勘基础上，应查明以下内容，定量评价采空区稳定性及其对公路的危害程度，为采空区处治设计、确定施工方法提供依据：

1）地层岩性及地层结构，采空区上覆岩、土体厚度；

2）采空区分布、规模、要素特征及其三带分布特征；

3）岩（土）体物理力学指标及构造物地基基础设计参数；

4）有毒、有害气体的类型、强度等级及分布特征；

5）采空区充水情况及地下水类型、腐蚀性等。

2 采空区勘察应以钻探为主，辅以必要的物探及调绘工作，有条件时应进行井下测量。

3 勘察范围沿路线长度应为压伏采空区的影响范围,宽度应根据初勘阶段确定的采空区影响宽度,并考虑新采和复采的影响。勘探深度应达到采空区底板以下3m。

4 采空区专项调查应对初勘采空区范围进行核实,并对两阶段相隔时间段内采空区变化情况进行调查,调查内容与初勘一致。

5 地表变形观测,当线位与初勘基本一致时,应沿用初勘观测网,按周期持续观测;当线位与初勘相差较大时,应按初勘要求重新布置观测网进行观测。

6 井下测绘应对采空区及巷道的实际规模、空间形态、支护条件、塌落情况进行测量和现场描述并拍照。

7 孔内物探宜采用综合测井、跨孔物探、孔内电视等方法;地面物探应进行二次解译。对初勘后新采和复采的采空区,应进行物探,物探要求与初勘一致。

8 钻探除应符合初勘有关规定外,尚应符合下列规定:

1)钻孔应在初勘钻孔基础上结合工程类型及规模布置。采空区桥梁钻孔宜逐墩布孔;隧道、路基钻孔数量按本细则表3.3.3-2确定。

2)钻孔深度应达到采空区底板以下不小于3m的深度,且应满足构造物孔深要求。

3.4 采空区勘察报告

3.4.1 勘察报告文字说明应包括下列内容:

1 勘察工作概况,包括勘察依据、目的、任务、时间、方法、过程及工作量。

2 场地自然地理概况,包括地理位置、地形地貌、水文、气象、交通。

3 区域地质概况,包括地层岩性、地质构造、水文地质、工程地质、地震烈度。

4 采空区勘察成果,包括资料收集与分析成果,区域地质调绘、采空区测绘、物探、钻探、试验等成果,采空区的影响长度,采矿层数、埋深、采厚、顶板岩性、开采时限、开采方法、回采率、顶板管理方法、塌陷情况等采空区基本要素特征。

5 公路预留保护带的位置、宽度及坐标。

6 采空区稳定性分析与评价。

7 采空区路段建设场地的适宜性评价。

8 勘察结论与建议:

1)结论应包括采空区场地对拟建公路或构造物的适宜性评价;采空区影响长度,包括路基、桥梁及隧道的影响长度;采空区剩余空洞体积;路线压覆资源的种类及范围等。

2)初勘阶段应提出路线方案比选和初步处治方案建议,详勘阶段应提出采空区处治方案建议。

9 附表应包括采空区调查表、采空区变形参数表、采空区对公路工程危害程度综合评价表及采空区剩余空洞体积一览表,应按本细则附录表A.0.1、附录表B.0.5~表B.0.7填写。

3.4.2 勘察报告图件资料应包括下列内容:

1 采空区工程地质平面图。除常规地质内容外,尚应标出路线、矿界、井口、采空区(含巷道)位置、地表塌陷及裂缝分布、范围等采空区要素。比例尺在可行性研究阶段为 1:10 000,初勘和详勘阶段为 1:1 000 ~ 1:2 000。

2 采空区工程地质纵、横断面图。除常规地质内容外,尚应标出矿界、采空区(含巷道)位置、冒落带、裂隙带、弯曲带及地表塌陷、裂缝位置及深度,标注公路工程类型、规模,在工程地质概况中应对采空区的要素特征及对路线影响范围、程度进行描述、评价。比例尺在可行性研究阶段为 1:10 000,初勘和详勘阶段水平比例尺为 1:1 000 ~ 1:2 000,垂直比例尺为 1:500 ~ 1:1 000。

3 钻孔柱状图。应标注矿层或采空区编号,地层岩性及其物理力学性质、含水情况,划分冒落带、裂隙带及弯曲带,并应描述钻进速度、掉钻、漏水等情况。

3.5 原始资料归档

3.5.1 采空区勘察过程中及结束后,应将收集、调查、物探、钻探等有效原始资料及测量、观测、试验数据进行归档。归档资料应翔实、完整,签署完备。

3.5.2 原始资料归档应包括以下内容:
1 收集的矿井资料,包括文字资料及井上井下对照图、采掘平面图、矿区规划图等;
2 工程物探成果报告及原始资料;
3 钻探记录;
4 调查记录;
5 采空区变形观测分析报告及原始记录;
6 井下测量记录、图件及报告;
7 岩土试验及水质分析报告。

4 采空区稳定性分析与评价

4.1 一般规定

4.1.1 应根据采空区勘察结果,结合公路等级和工程类型,采用定性与定量评价相结合的方法,对公路下伏采空区的稳定性及其对公路工程的影响及危害程度进行分析与评价。

4.1.2 应综合考虑矿层开采方法、顶板管理方式、开采时限以及采空区的类型、规模、埋深、采深采厚比和覆岩特征等因素,有针对性地选用评价标准和评价方法。

4.1.3 公路采空区稳定性分析与评价可分为场地稳定性评价和公路工程地基稳定性评价两部分。场地稳定性评价应以采空区地表剩余下沉量作为评价依据。公路工程地基稳定性评价应以各类工程地基容许变形值作为评价依据。

4.2 采空区稳定性评价标准

4.2.1 采空区公路场地稳定性评价标准,应根据采空区地表剩余移动变形量、采空区停采时间及其对公路工程可能造成的危害程度,划分为稳定、基本稳定、欠稳定和不稳定四个等级。不同类型采空区场地稳定性评价标准如下:
  1 长壁式垮落法采空区,在工可阶段,宜依据工作面的停采时间,按表4.2.1-1划分场地稳定性等级;在勘察设计阶段,应依据地表剩余移动变形值计算,按表4.2.1-2确定场地稳定性等级;有条件时,应对采空区场地进行半年以上的高精度地表沉降观测,按表4.2.1-3确定场地稳定性等级。

表4.2.1-1 按停采时间确定长壁式采空区场地稳定性等级评价标准

稳定等级	场地影响范围内工作面停采时间(年)		
	软弱覆岩	中硬覆岩	坚硬覆岩
稳定	≥2.0	≥3.0	≥4.0
基本稳定	1.0~2.0	2.0~3.0	3.0~4.0
欠稳定	0.5~1.0	1.0~2.0	2.0~3.0
不稳定	≤0.5	≤1.0	≤2.0

注:覆岩坚硬程度划分见附表D.0.1-1。

表 4.2.1-2　按地表移动变形值确定长壁式采空区场地稳定性等级评价标准

稳定等级	地表移动变形值			
	下沉值 W (mm)	倾斜值 i (mm/m)	水平变形值 ε (mm/m)	曲率值 K (mm/m^2)
稳定	≤100	≤3.0	≤2.0	≤0.2
基本稳定	100~200	3.0~6.0	2.0~4.0	0.2~0.4
欠稳定	200~400	6.0~10.0	4.0~6.0	0.4~0.6
不稳定	≥400	≥10.0	≥6.0	≥0.6

注：地表移动变形值为建(构)筑物场地平整后的地表剩余移动变形值。

表 4.2.1-3　按地表沉降观测确定长壁式采空区场地稳定性等级评价标准

稳定等级	地表下沉量(mm)			
	1个月	3个月	6个月	12个月
稳定	≤5	≤15	≤30	≤60
基本稳定	5~10	15~30	30~60	60~120
欠稳定	10~30	30~60	60~120	120~240
不稳定	≥30	≥60	≥120	≥240

2　不规则柱式采空区，应根据其采深采厚比按表 4.2.1-4 的规定评价场地稳定性。

表 4.2.1-4　不规则柱式采空区场地稳定性等级评价标准

稳定等级		稳定	基本稳定	欠稳定	不稳定
采深采厚比 H/M	坚硬覆岩	≥80	80~60	60~40	≤40
	中硬覆岩	≥100	100~80	80~60	≤60
	软弱覆岩	≥120	120~100	100~80	≤80

3　单一巷道式采空区，可采用极限平衡分析方法，计算巷道顶板临界深度 H_{cr} 及稳定系数 F_s，按表 4.2.1-5 的规定评价场地稳定性。

表 4.2.1-5　单一巷道式采空区场地稳定性等级评价标准

稳定系数 F_s	$F_s \geq 2.0$	$1.5 \leq F_s < 2.0$	$1.0 \leq F_s < 1.5$	$F_s < 1.0$
稳定等级	稳定	基本稳定	欠稳定	不稳定

4　条带式、短壁式、充填式及其他类型采空区，可参照上述相关标准进行场地稳定性评价。

4.2.2　采空区公路地基稳定性评价标准，应根据公路工程地基容许变形值按表 4.2.2 确定。

表4.2.2 采空区地基容许变形值

公路工程类型		地基容许变形指标	倾斜值 i(mm/m)	水平变形值 ε(mm/m)	曲率值 K(mm/m²)
路基	高速公路 一级公路	高级路面	4.0	3.0	0.3
	二级及二级 以下公路	高级及次高级路面	4.0~6.0	3.0~4.0	0.3~0.4
		简易路面	10.0	6.0	0.6
桥梁		简支结构	3.0	2.0	0.20
		非简支结构	2.0	1.0	0.15
隧道			3.0	2.0	0.20
砖混结构建筑物			3.0	2.0	0.20

注：本表不包括对变形有严格要求的复杂结构桥梁和隧道工程。

4.3 采空区稳定性评价方法

4.3.1 公路采空区场地稳定性可按开采条件判别法、地表移动变形预计法（概率积分法）、地表移动变形观测法、极限平衡分析法及数值模拟法进行评价。

4.3.2 采用开采条件判别法进行采空区稳定性评价应符合下列规定：
1 开采条件判别法适用于巷柱式采空区、不规则房柱式采空区及其他难以进行地表移动变形计算的采空区场地稳定性评价，也可用于长壁式、短壁式、房柱式等其他开采方式采空区稳定性的定性评价。
2 应通过资料收集、采空区专项调查，参照地区经验，掌握影响采空区稳定性的相关资料，综合考虑采深采厚比、回采率、停采时间、开采方式及上覆岩层性质等因素进行采空区稳定性评价。

4.3.3 采用地表移动变形预计法进行采空区稳定性评价应符合下列规定：
1 地表移动变形预计法适用于长壁式、条带式及房柱式开采的采空区场地稳定性评价。采空区地表移动变形预计宜采用概率积分法。
2 准采区应计算地表最大移动变形值，老采区和新采区应计算地表剩余移动变形值。地表剩余移动变形值可通过预计的地表最大移动变形值扣除已发生的地表移动变形值确定，也可在地表移动变形预计中按下沉过程曲线扣减下沉系数，或引入时间因子，计算开采时段对应的下沉率及相应的剩余地表移动变形值。
3 地表移动变形预计应根据地质、采矿条件，合理地选择计算模型和计算参数。各种模型、计算参数及其计算公式可参照《建筑物、水体、铁路及主要井巷煤柱留设与压煤开采规程》。

4 地表最大移动变形值应按本细则附录 D.0.1 及 D.0.2 计算,地表剩余移动变形值应按本细则附录 D.0.3 计算,地表最大下沉速率应按本细则附录 D.0.4 计算。

4.3.4 采用地表移动变形观测法进行采空区稳定性评价应符合下列规定:

1 地表移动变形观测法适用于长壁式与条带式采空区场地稳定性评价。有条件时,宜进行半年以上的高精度地表变形观测。巷道式及房柱式采空区场地若采用该法进行稳定性评价时,应延长观测周期。

2 地表移动变形观测应以沉降观测为主,水平位移观测为辅。观测点的布置、观测周期、观测等级和精度等要求,应符合本细则第 3.2.3 条的规定。

3 地表变形观测成果应及时整理分析,计算各测点的下沉、位移及相邻点间的倾斜、曲率值和水平变形值;绘制地表下沉、倾斜、曲率值、水平变形曲线和最大下沉过程曲线;计算地表下沉速率,分析地表变形发展趋势,计算地表剩余移动变形量,按本细则表 4.2.1-3 的规定对采空区场地稳定性作出评价。

4.3.5 采用极限平衡分析法进行采空区稳定性评价应符合下列规定:

1 极限平衡分析法适用于开采范围较小,上覆岩层可形成冒落拱的近水平单一巷道采空区。

2 当单一巷道采空区位于公路路基下方时,应计算路堤自重荷载及行车荷载作用下,维持巷道顶板稳定的临界埋藏深度 H_{cr}。临界埋藏深度 H_{cr} 应按本细则附录 D.0.5 计算。

3 巷道的空间形态、断面尺寸、埋藏深度、上覆岩层性质及物理力学指标等计算参数应依据勘察成果合理确定。

4.3.6 采用数值模拟法进行采空区稳定性评价应符合下列规定:

1 数值模拟法适用于多层采空区,以及桥梁基础、隧道等重要工程穿越或压覆采空区等复杂工况下的采空区场地稳定性评价,可作为一种比较和参考性方法。

2 数值模拟可采用有限单元法,也可采用有限差分法、离散单元法、边界单元法,或两种以上方法耦合使用。

3 计算单元宜采用四边形、六面体等参单元或三角形、四面体常应变单元,采用无厚度或等厚度节理单元模拟节理面;覆岩破坏准则可采用莫尔—库仑、德鲁克—普拉格等弹塑性准则,应根据公路工程及采空区空间展布形态合理确定计算范围及边界条件。

4 正确选用强度指标,宜根据测试成果、反分析和当地经验综合确定。

4.4 各勘察阶段采空区稳定性评价要求

4.4.1 可研勘察阶段采空区稳定性评价应依据所掌握的资料,综合分析采空区类型、开采条件、开采时间等因素,采用开采条件判别法,按本细则 4.2 的规定对采空区场地的稳定性做出初步评价,为路线走廊带及方案比选提供依据。

4.4.2 初步勘察阶段采空区稳定性评价应在可研阶段评价的基础上,结合公路等级、公路工程类型及采空区特点,采用开采条件判别法与地表变形预计法、地表变形观测法等相结合的方法,计算采空区地表剩余变形量,并按本细则 4.2 的规定对不同类型采空区的稳定性进行定性和定量评价,为路线方案比选、采空区处治方案选择及处治设计提供依据。

1 准采空区和新采空区稳定性评价应符合以下要求:

1)长壁式垮落法采空区地表移动变形的预计,宜采用概率积分法,也可采用地表变形观测法进行计算。需要计算的变形值包括下沉值(W)、倾斜值(i)、曲率值(K)、水平移动值(U)、水平变形值(ε),以及地表变形速率,并按本细则第 4.2.1 条的规定对采空区场地稳定性和公路工程建设的适宜性进行评价。

2)规则的房柱式垮落法采空区、全充填式采空区、条带式充填采空区及房柱式充填采空区场地稳定性评价按本条上述规定进行验算和评价。下沉系数 q 可按本细则附录表 D.0.1-1、表 D.0.1-4 的规定取值。

3)不规则柱式或巷道式开采的采空区,其稳定性取决于巷道顶板和老顶板及其上覆岩层厚度、岩石强度、开采空间和矿柱大小,可先按开采条件判别法或经验类比法进行初判,再采用极限平衡分析法进行验算,并按本细则表 4.2.1-4 及表 4.2.1-5 的规定评价场地的稳定性。

4)地表坡度大于 30°的采空区场地,应进行采动坡体稳定性评价。评价内容除包括地表的移动变形,尚应结合路基的挖填情况评价受采动影响的边坡稳定性。

2 老采空区稳定性评价应符合以下要求:

1)长壁式垮落法管理顶板的老采空区,场地的稳定性标准可按本细则第 4.2.1 条的规定确定。当地表移动变形已经终止,属于稳定场地,可作为公路路基、桥涵、隧道及公路附属构筑物的建设场地;当地表移动变形尚未终止,在无外力扰动的条件下,宜采用概率积分法或数值模拟法计算地表剩余变形值,也可通过在拟建设场地进行半年以上变形观测来预测地表剩余变形值,按本细则表 4.2.1-2、表 4.2.1-3 的规定评价场地的稳定性。

2)全充填式开采及条带式、房柱式充填开采的单一矿层老采空区,可判定为稳定场地。

3)房柱式、巷道式开采的老采空区,可按本细则表 4.2.1-4 的规定评价其稳定性。

4.4.3 详细勘察阶段采空区稳定性评价应以定量评价为主,定性为辅。针对采空区的特殊性和复杂性,结合具体的公路工程类型,采用地表移动变形预计法、地表变形观测法及数值模拟法等多种方法进行综合分析对比,计算地表剩余变形量及变形速率,评价采空区场地稳定性以及公路工程建设的适宜性,为采空区处治方案的确定及处治设计提供可靠依据。

1 对变形有严格要求的桥梁和隧道工程,应对采空区进行稳定性专题研究和评价。

2 公路下伏多层采空区时,应采用现场地表变形观测、地表变形预计和数值模拟等多种方法,对采空区场地稳定性进行专题研究和评价。

5 采空区公路设计

5.1 一般规定

5.1.1 采空区公路设计应充分掌握路线走廊带矿区的开采现状、开采规划、矿区道路、管线及相关设施的布局,协调与矿区其他已建、在建和拟建工程之间的关系。

5.1.2 采空区公路设计应根据勘察确定的采空区分布范围、类型和规模,在稳定性评价、处治设计的基础上,合理确定工程方案。

5.1.3 当避让采空区的方案存在明显不利因素,且工程造价与线形指标无明显优势时,应在采空区勘察、稳定性评价、处治设计和概算分析基础上,对公路通过和绕避采空区方案进行同等深度的比选。

5.1.4 桥梁和隧道应避开采空区,无法避开时应与高路堤或深路堑方案进行比较,择优确定工程方案。

5.1.5 采空区处治效果经检测合格后方可进行主体工程的施工。

5.1.6 互通立体交叉和服务区应避开采空区,并应在充分考虑采空区对连接线工程影响的基础上,选择适宜的位置。

5.1.7 采空区公路建设场地的稳定性等级划分和采空区公路工程的容许变形值应按本细则第4.2节的规定确定。当采空区场地稳定且地表的剩余变形小于公路工程的允许变形值时,可不处治。

5.2 路线设计

5.2.1 采空区路线设计应符合下列规定:
1 路线方案应根据地形、地貌特征,综合考虑矿区工程地质和水文地质条件、地质灾害、生态环境、采空区分布、保护矿柱以及自然与人文景观等因素,确定合理的路线线位和通过采空区的方式。
2 采空区路线设计应充分利用已有的或规划的保护矿柱。
3 公路工程压覆矿产资源时,应根据矿产的分布、覆岩性质和公路等级设计预留保护矿柱。

5.2.2 采空区公路选线应符合下列要求:
1 应综合考虑公路功能、等级及路线通过地区的地理、气候、自然与社会环境,采用适宜的技术指标。
2 应充分利用航空摄影测量、空间遥感技术及 GPS、INSAR 技术,大范围调查采空区的空间分布,结合采空区专项调查,对路线方案进行比选。
3 路线应避开由于地下采空加剧和引发斜坡失稳、山体开裂的地带及其可能发生崩塌、滑坡的危害范围。
4 路线应避开坑洞密集、年代久远、难以查明的老采空区,以及急倾斜矿层的露头与开采地带。
5 路线不宜设在矿产开采过程中可能出现非连续变形地段,以及地表处于移动变形活跃地段或移动盆地的边缘地带。
6 路线应绕避古墓穴、大型地窖、大型窑洞、地下工程等地下洞穴。
7 路线宜设在充分采动或接近充分采动的采空区地表移动盆地中部平底部位。
8 平曲线、回头曲线及竖曲线的顶、底部不宜设在地表变形复杂、变形剧烈或变形量较大的地方。
9 河谷地段的线位,当两岸分别存在不易处治的采空区和其他不良地质发育区时,应通过综合比较论证,选择合适的换岸地点,或选在危害性相对较小、处治工程费用相对较低的一岸通过。

5.3 路基、路面设计

5.3.1 采空区路基、路面设计应根据采空区的分布和变形特点,结合当地资源、环境、工程地质条件及筑路材料分布,进行路基、路面的多方案设计与比选。

5.3.2 不宜将路、桥接合处设在采空区变形和地表下沉较大的部位。

5.3.3 采空区路基设计应根据挖方深度或填方高度、路基宽度、行车荷载、采空区变形范围与特点,验算地基及边坡稳定性。稳定性验算不满足要求时,应进行采空区处治设计。填方路基沉降稳定性验算应叠加采空区地表剩余下沉量;挖方路基下伏采空区时,可采取减少挖方深度等措施减少采空区的影响。

5.3.4 对于变形与位移没有达到稳定标准的采空区,应对采空区进行有效处治,处治后变形与位移容许值应符合本细则表 4.2.2 的规定。

5.3.5 采空区路基设计应根据采空区周围的筑路材料分布和地面变形、沉降情况，就地取材，可采用符合要求的粉煤灰、煤矸石、矿渣等作为采空区的处治材料和筑路材料。

5.3.6 回采率大于 80% 的采空区，经确认其主变形已经完成；或回采率小于 35% 的采空区，采深采厚比大于 80，经稳定性评价确认为基本稳定时，路基工程可不对采空区进行注浆处治，可考虑加铺土工布、土工格栅等材料，提高路基的整体稳定性；路面设计可采用柔性材料，以满足采空区剩余变形要求。

5.3.7 对于二级及以下等级公路，当采空区路段存在较大剩余变形值时，宜先采用柔性过渡路面或简易路面，待路基沉降稳定后再加铺永久性路面。

5.3.8 当挖方边坡存在巷道等小型采空区，或路基下伏采空区埋深小于 6m 时，宜采用开挖回填法进行处治。

5.3.9 当路基下伏采空区埋深在 6~20m 且周围无任何建筑物时，可采用爆破回填法进行采空区处治；也可采用井下复采、水诱导沉降法使采空区顶板覆岩塌落，再对塌陷区进行回填加固。

5.3.10 当路基下伏采空区埋藏浅，顶板尚未完全塌落，开采空间较大时宜采用井下干（浆）砌支撑法处治。

5.3.11 当路基下伏采空区为正在使用的巷道，或需要对废弃巷道进行加固时，可采用巷道加固法或干（浆）砌支撑法处治。

5.3.12 当路基下伏采空区埋深小于 10m，覆岩为破碎软岩时，可采用强夯法处治。对爆破开挖回填后，或主变形已完成的采空区地段，宜采用强夯法处治。

5.3.13 位于采空塌陷区的路基，以及富水、多层采空塌陷区，宜采用注浆法处治。

5.4 桥梁设计

5.4.1 采空区桥梁设计应根据采空区的类型、规模、埋深及其稳定性评价，结合桥梁结构形式，选择适宜的方法对下伏采空区进行处治。

5.4.2 采空区桥梁宜采用简支结构。桥梁墩台不宜设在基底下沉量大、持力层不稳定及移动盆地边缘,宜设在覆岩强度较高、地基稳定性较好的位置。

5.4.3 对于不稳定采空区,应充分论证采空区的处治难度、效果和风险,进行桥梁方案和路基方案同深度的经济和技术比较,选择处治难度小、处治效果好、处治费用低的通过方式与处治方案。

5.4.4 范围较小、不易处理的采空区,宜采用桥梁直接跨越。对于范围较大且埋藏较深的采空区,可进行小跨径浅基础和大跨径深基础桥型比较。

5.4.5 桥梁结构宜采用轻型和耐变形的建筑材料,减轻结构自重,提高抗变形能力。

5.4.6 采用桩基穿过埋深较浅的采空区时,应对采空区进行注浆或浆砌工程处治。对多层或埋藏较深的采空区,宜按摩擦桩设计。

5.4.7 当采空区无瓦斯等有害气体,顶板岩层较完整,地下水位低于采空区底板,巷道或空洞内无充水或泥时,可采用人工挖孔桩或浆砌片石砌筑后成桩。当采空区存在瓦斯等有害气体时,应将有害气体排放完后,再进行基础施工,并应按钻孔桩基础设计,严禁采用人工挖孔桩。

5.4.8 当采空区顶板比较完整、空间大时,宜采用钢护筒成桩。当采空区上覆岩层破碎且充水,降水或注浆方法无法止水时,可采用局部封堵冲击法成桩。

5.4.9 采空区埋深大于100m、回采率小于35%、覆岩强度高、场地稳定的桥位,可采用端承桩或明挖、扩大基础。

5.5 隧道设计

5.5.1 采空区隧道设计应根据采空区的类型、规模、稳定性及其与隧道的相互关系,选择适宜的采空区处治方法。

5.5.2 隧道应避开含有毒、有害气体的矿层,难以避开时,应以最短距离通过。

5.5.3 采空区隧道设计应将采空区处治与隧道支护设计相结合,进行综合设计。当隧道洞身及顶、底板穿越采空区时,可采用回填法、浆砌支撑法处治。当隧道处于采空区上方时,宜采用注浆法处治。

5.5.4 采空区隧道宜采用分离式隧道方案,不宜采用小间距和连拱隧道方案。

5.5.5 施工期间应加强监控量测和地质超前预测预报工作,进行动态设计和信息化施工。

5.5.6 隧道位于采空区下方时,隧道设计应符合下列要求:
1 拱部距采空区底板大于 3 倍隧道洞径,经详细勘察后确认采空区对隧道围岩稳定性无影响时,可不对围岩进行注浆加固设计。
2 拱部距采空区底板为 1~3 倍隧道洞径时,应对隧道围岩进行注浆加固设计。
3 拱部距采空区底板小于 1 倍隧道洞径时,除应对隧道围岩注浆加固外,还应对采空区进行处治。
4 当采空区赋存有毒、有害气体或积水时,应进行抽排处理,并采用全封闭防护措施。

5.5.7 隧道位于采空区上方时,隧道设计应符合下列要求:
1 隧道位于采空区弯曲带时,应对采空区进行处治,处治后按一般情况下围岩级别进行支护衬砌设计。
2 隧道位于采空区裂隙带时,应对采空区进行处治,处治后按降低一级围岩级别进行支护设计,仰拱和二次衬砌必须加配钢筋。
3 隧道位于采空区冒落带时,应对采空区进行处治,并对围岩采取注浆或采取其他有效措施进行加固。初期支护设计参数宜采用最高值,仰拱和二次衬砌必须加配钢筋。

5.5.8 当隧道埋深小于 40m 且采空区的处治费用较高时,应与明洞方案和路堑方案进行比较,择优选择工程方案。

5.5.9 隧道施工和采空区处治全过程应按现行《公路隧道施工技术规范》(JTG F60)和本细则要求进行监控量测。

5.5.10 经检测采空区处治效果未达到设计要求时,应进行补强处治并对隧道结构采取增强配筋等措施,提高结构抗变形能力。

5.5.11 当采空区空间较大且与隧道相交,底板标高相近时,可根据隧道的建筑界限按明洞设计。

5.5.12 膨胀岩、盐岩等特殊岩土采空区的隧道设计,应充分考虑其物理、水理和工程性质。采空区处治设计和隧道围岩支护设计应充分结合围岩现场监控量测指标及工程长期变形预估等结果进行动态设计。

5.5.13 下列情况应进行专题研究:

1 隧道上方或下方出现多层采空区；
2 隧道穿越的矿层及采空区内含有大量有毒有害气体；
3 采空区内存在大量地下水。

5.6 公路保护矿柱留设

5.6.1 当公路下伏或临近矿产资源将被开采时，应按《建筑物、水体、铁路及主要井巷煤柱留设与压煤开采规程》的要求留设公路保护矿柱。

5.6.2 公路保护矿柱的留设应按本细则附录 E 的规定计算。

6 采空区处治设计

6.1 一般规定

6.1.1 采空区处治设计前,必须具备翔实的采空区勘察资料和准确的采空区稳定性评价结论。采空区的处治设计阶段应与项目的设计阶段相一致。

6.1.2 采空区处治设计范围,除公路主体工程压覆的采空区外,尚应包括公路附属工程所压覆的采空区,以及与采空区相伴生的巷道、废弃的矿井、地裂缝及塌陷坑。

6.1.3 公路采空区进行稳定性评价后,应依据采空区规模、公路等级及构造物特点,对不满足公路建设要求的采空区进行处治。处治效果经检测符合要求后,方可进行主体工程施工。

6.1.4 采空区处治设计,应根据采空区场地稳定性评价结果,结合公路等级及工程类型,按表6.1.4进行处治。

表 6.1.4 采空区处治原则

工程类别		场地稳定性等级			
		稳定	基本稳定	欠稳定	不稳定
路基	高速公路、一级公路	-	+	+ +	+ +
	二级及二级以下公路	-	-	+	+ +
桥梁、隧道		-	+ +	+ +	+ +
砖混结构建筑物		-	+	+ +	+ +

注:- ——不处治;+ ——经论证后确定是否处治;+ + ——处治。

6.2 注浆法

6.2.1 注浆法适用于矿层开采后覆岩发生了较严重的垮塌、滑落或经稳定性评价处于欠稳定或不稳定的公路路基部位的采空塌陷区。对于桥梁、隧道等构造物应提高采空区注浆设计标准。

    1 对于地质采矿条件复杂地区,注浆施工前应选择具有代表性路段作为试验段,按设计注浆孔总数的3%~5%的孔进行现场注浆试验,其内容包括浆液的配比、成孔工艺、注浆设备、注浆施工工艺等。

2 当所处治的采空区临近生产的矿井巷道,应在井下修建止浆墙,避免浆液直接进入井下巷道。当所处治的采空区临近废弃的矿井巷道,应在巷道中修建止浆墙,避免浆液流失。

6.2.2 公路采空区注浆处治的范围应根据采空区的分布、埋藏深度以及上覆岩性等因素,按下列规定取值。

1 采空区处治的宽度 B 由路基或桥隧宽度、围护带宽度、采空区覆岩移动的影响宽度三部分组成,可按式(6.2.2-1)计算:

$$B = D + 2d + D' \quad (6.2.2\text{-}1)$$

式中:D——路基或桥隧宽度(m);
　　　d——围护带宽度(m);
　　　D'——采空区覆岩移动影响宽度(m)。

1)路基或桥隧宽度确定:路堤部分以公路两侧路堤坡脚为界;路堑部分以两侧堑顶边界为界;桥梁以桥宽为界;隧道以隧道宽为界。

2)围护带宽度宜按表6.2.2-1的规定取值。

表6.2.2-1　围护带宽度

保护等级	公路等级及构筑物	围护带宽度(m)
Ⅰ	桥梁和隧道	20
Ⅱ	高速公路路基	10
Ⅲ	一级及一级以下公路路基	5~10

3)采空区覆岩移动影响宽度,对于水平矿层采空区(图6.2.2-1),可按式(6.2.2-2)计算:

$$D' = 2(h\cot\varphi + H\cot\delta) \quad (6.2.2\text{-}2)$$

式中:h——地表松散层厚度(m);
　　　H——采空区上覆岩层厚度(m);
　　　φ——松散层移动角(°);
　　　δ——走向方向采空区上覆岩层移动影响角(°)。

对于倾斜矿层采空区,当路线与矿层走向垂直时,路线上每点的宽度可按水平矿层采空区的公式计算;当路线与岩层走向平行时(图6.2.2-2),可按式(6.2.2-3)计算:

$$D' = 2h\cot\varphi + H_1\cot\beta + H_2\cot\gamma \quad (6.2.2\text{-}3)$$

式中:H_1、H_2——分别为采空区上山和下山边界上覆岩层厚度(m);
　　　β——采空区下山方向上覆岩层移动影响角(°);
　　　γ——采空区上山方向上覆岩层移动影响角(°);
　　　其他符号意义同前。

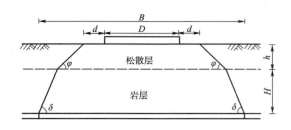 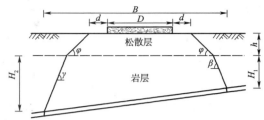

图 6.2.2-1 水平矿层采空区处治宽度计算简图　　图 6.2.2-2 倾斜矿层采空区且路线与矿层走向平行时处治宽度计算简图

当路线与矿层走向斜交时,可按式(6.2.2-4)计算:

$$D' = 2h\cot\varphi + H_1\cot\beta' + H_2\cot\gamma' \qquad (6.2.2\text{-}4)$$

$$\cot\beta' = \sqrt{\cot^2\beta\cos^2\theta + \cot^2\delta\sin^2\theta}$$

$$\cot\gamma' = \sqrt{\cot^2\gamma\cos^2\theta + \cot^2\delta\sin^2\theta}$$

式中:β'——采空区下山方向上覆岩层斜交移动影响角(°);
　　　γ'——采空区上山方向上覆岩层斜交移动影响角(°);
　　　θ——围护带边界与矿层倾向线之间所夹的锐角(°);
　　　其他符号意义同前。

4)基岩移动影响角可按表6.2.2-2的规定取值,松散层移动角可按本细则附录表D.0.1-2的规定取值。

表6.2.2-2　采空区影响宽度基岩移动影响角(γ、δ)取值

采空区类型	基岩移动影响角					
	新(准)采空区(覆岩移动影响角)			老采空区(覆岩活化移动影响角)		
采区回采率	≤40%	40%~60%	≥60%	≤40%	40%~60%	≥60%
坚硬覆岩 $R_c \geq 60\text{MPa}$	78°~83°	76°~82°	75°~80°	85°~88°	82°~86°	80°~85°
中硬覆岩 $30\text{MPa} < R_c < 60\text{MPa}$	73°~78°	72°~76°	70°~75°	80°~85°	77°~82°	75°~80°
软弱覆岩 $R_c \leq 30\text{MPa}$	64°~73°	62°~72°	60°~70°	75°~80°	72°~77°	70°~75°

注:1. R_c 为岩石天然单轴抗压强度。表中数据为水平矿层移动影响角 δ 和倾斜矿层上山移动影响角 γ 的取值。倾斜矿层倾向下山移动影响角 $\beta = \delta - k\alpha$,式中 α 为矿层倾角(°);k 为常数:坚硬覆岩 $k = 0.7 \sim 0.8$,中硬覆岩 $k = 0.6 \sim 0.7$,软弱覆岩 $k = 0.5 \sim 0.6$。

2. 本表适用于地形较为平坦,地表倾角小于15°的地区。当公路建(构)筑物位于山地坡脚等低洼部位,邻近一侧山体上坡方向下方有新采区或准采区时,应考虑公路建(构)筑物可能受到采动滑移影响,此时移动影响角 $\delta(\gamma)$ 应减 10°~15°,坡角越大,移动影响角 $\delta(\gamma)$ 越小。

3. 取值时应考虑开采深厚比对移动角的影响。当开采深厚比大时,移动影响角取大值;开采深厚比小时,移动影响角取小值。

2　采空区处治的长度(沿路线中线方向)L 应为公路下伏采空区的实际长度及覆岩

移动影响范围之和(图6.2.2-3),可按式(6.2.2-5)计算：

$$L = L_0 + 2h\cot\varphi + H_1\cot\beta + H_2\cot\gamma \qquad (6.2.2\text{-}5)$$

式中：H_1、H_2——分别为采空区下山和上山上覆岩层厚度(m)；

β、γ——分别为矿层下山和上山方向岩层移动影响角(°)；

φ——松散层移动角(°)，按附录D表D.0.1-2取值；

L_0——沿公路中线方向采空区长度(m)。

3 采空区处治深度 h 可分两种情况确定：

1) 当处治范围位于采空区边界以内时，其处治深度应为地面至采空区底板以下1m处。

2) 当处治范围位于采空区边界外侧至岩层移动影响范围以内时(图6.2.2-4)，可按式(6.2.2-6)计算：

$$\left.\begin{array}{l} h = h_1 + h_2 \\ h_1 = H - l\tan\delta \end{array}\right\} \qquad (6.2.2\text{-}6)$$

式中：H——采空区埋深(m)；

l——注浆孔距采空区边界的距离(m)；

δ——矿层移动影响角(°)；

h_2——影响裂隙带以下的处治深度，取5~10m为宜。

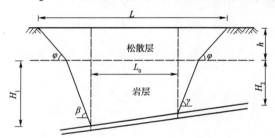

图6.2.2-3 采空区处治长度计算简图

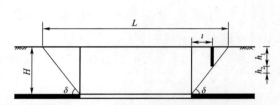

图6.2.2-4 采空区外侧处治深度计算简图

6.2.3 注浆孔布设应符合下列规定：

1 采空区处治范围的边缘部位应布设帷幕孔，防止浆液流失，帷幕孔间距宜为10m，容许变动范围为±5m。

2 注浆孔宜采用梅花型方式布设，其排距、孔间距应经现场试验确定。当无法进行现场试验时，宜根据采矿方法、覆岩地层结构及岩性、回采率、顶板管理方法、冒落带和裂隙带的空隙、裂隙之间的连通性，按表6.2.3确定。

表6.2.3 注浆孔排距和孔距经验值

序号	判别条件	排距(m)	孔间距(m)	
			路基范围内	路基范围外
1	有坚硬顶板，回采率不小于60%，采空区冒裂带的岩石空隙、裂隙之间连通性较好	25±10	20±5	25±5
2	无坚硬顶板，回采率不小于60%，采空区冒裂带的岩石空隙、裂隙之间连通性较差	20±10	15±5	20±5

续上表

序号	判 别 条 件	排距（m）	孔间距(m)	
			路基范围内	路基范围外
3	有坚硬顶板，回采率小于60%，采空区冒裂带的岩石空隙、裂隙之间连通性较好	20±10	15±5	20±5
4	无坚硬顶板，回采率小于60%，采空区冒裂带的岩石空隙、裂隙之间连通性较差	15±10	10±5	15±5

注：路基工程宜取大值，桥隧工程宜取小值。

6.2.4 钻孔孔深、孔径、变径位置、孔斜、注浆管材料与管径设计应符合下列规定：

1 当注浆孔、帷幕孔位于采空区边界范围以内时，应钻至采空区底板以下1m处；当位于采空区边界外侧至岩层移动影响范围以内时，孔深可按本细则式(6.2.2-6)计算确定。

2 开孔孔径宜控制在130～150mm之间，经一次或两次变径后，终孔孔径不应小于91mm。

3 注浆孔和帷幕孔均应进入完整基岩4～6m处变径（软岩取大值，硬岩取小值）。

4 取芯孔的数量应为注浆孔、帷幕孔总数的3%～5%。采空区部位岩芯采取率不应小于30%，其他部位岩芯采取率不应小于60%。

5 钻孔每50m测斜一次，每百米孔斜不应超过1°。

6 注浆管宜选用直径不小于ϕ50mm的钢管，需投入集料时，管径不应小于ϕ89mm。当采空区处治深度小于50m时，可采用ϕ50mm的PVC管或PE管。

6.2.5 注浆材料的选择、配比和用量计算应符合下列规定：

1 采空区注浆宜采用水泥、粉煤灰、黏土等材料。当采空区空洞和裂隙发育，地下水流速大于200m/h时，宜先灌注砂、砾石、石屑、矿渣等集料后注浆。注浆过程中，可根据需要加入一定量的水玻璃、三乙醇胺等添加剂改变浆液性能，缩短凝结时间。注浆材料的规格要求应符合表6.2.5的规定。

表6.2.5 注浆材料规格

序号	原　　料	规　格　要　求
1	水	应符合拌制混凝土用水要求，pH值大于4
2	水泥	强度等级不低于32.5级，普通硅酸盐水泥
3	粉煤灰	应符合国家二、三级质量标准
4	黏性土	塑性指数不宜小于10，含砂量不宜大于3%
5	砂	天然砂或人工砂，粒径不宜大于2.5mm，有机物含量不宜大于3%
6	石屑或矿渣	最大粒径不宜大于10mm，有机物含量不宜大于3%
7	水玻璃	模数2.4～3.4，浓度50°Bé′以上

2 注浆材料的配比应通过现场试验确定。浆液的浓度使用,应由稀到浓,其水固质量比宜取 1:1.0~1:1.3。当处治公路路基下伏采空区时,水泥宜占固相的 15%,粉煤灰或黏土占固相的 85%。当处治桥梁、隧道下伏采空区时,水泥宜占固相的 30%,粉煤灰或黏土占固相的 70%。

3 水泥粉煤灰浆和水泥黏土浆中各材料用量可按式(6.2.5-1)~式(6.2.5-3)计算:

$$W_c = \alpha \frac{V_g}{\frac{\alpha}{d_c} + \frac{\beta}{d_e} + \frac{\gamma}{d_w}} \quad (6.2.5-1)$$

$$W_e = \beta \frac{V_g}{\frac{\alpha}{d_c} + \frac{\beta}{d_e} + \frac{\gamma}{d_w}} \quad (6.2.5-2)$$

$$W_w = \gamma \frac{V_g}{\frac{\alpha}{d_c} + \frac{\beta}{d_e} + \frac{\gamma}{d_w}} \quad (6.2.5-3)$$

式中:W_c——水泥质量(kg);

W_e——黏性土(或粉煤灰)质量(kg);

W_w——水的质量(kg);

V_g——水泥浆体积(L);

α——浆液中水泥所占质量比例;

β——浆液中黏性土(或粉煤灰)所占质量比例;

γ——浆液中水所占质量比例;

d_c——水泥相对密度(kg/L),可取 $d_c = 3$;

d_e——黏性土(或粉煤灰)相对密度(kg/L);

d_w——水的密度(kg/L)。

6.2.6 注浆参数应按下列规定取值:

1 注浆压力宜通过现场注浆试验确定。公路路基下伏采空区注浆压力宜控制在 1.0~1.5MPa,桥隧下伏采空区注浆压力宜控制在 2~3MPa。

2 在注浆压力达到设计结束压力时,结束吸浆量应小于 70 L/min。

3 公路路基下伏采空区处治浆液结石体的单轴抗压强度不应小于 0.6MPa,桥梁、隧道等构造物下伏采空区处治浆液结石体的单轴抗压强度不应小于 2.0MPa。

4 注浆充填率宜根据公路工程的性质确定,公路路基下伏采空区处治充填率应达到 80%~85%,桥梁、隧道等构造物下伏采空区处治充填率应达到 90%~95%。

6.2.7 注浆量可按下列公式计算:

1 注浆总量 $Q_总$ 可按式(6.2.7-1)计算:

$$Q_总 = \frac{A \cdot S \cdot M \cdot K \cdot \Delta V \cdot \eta}{c \cdot \cos\alpha} \quad (6.2.7-1)$$

式中：S——采空区处治面积（m^2）；

M——矿层平均采出厚度（m）；

ΔV——采空区剩余空隙率（%）；

K——回采率（%），通过实际调查确定；

A——浆液损耗系数，可取$A=1.0 \sim 1.2$；

η——充填率（%），可取$\eta=80\% \sim 95\%$；

c——浆液结石率（%），经试验确定，无试验数据时可取$c=70\% \sim 95\%$；

α——岩层倾角（°）。

2 单孔注浆量$Q_{单}$可按式（6.2.7-2）计算：

$$Q_{单} = \frac{A \cdot \pi \cdot R^2 \cdot M \cdot \Delta V \cdot \eta}{c \cdot \cos\alpha} \qquad (6.2.7-2)$$

式中：R——浆液有效扩散半径（m），按1/2孔距计算；

其他符号意义同前。

3 采空区剩余空隙率可按以下三种方法确定：

1）利用矿山已有的沉降及采空区观测资料：可先计算采空区上方地面的最大沉降量，通过已有的观测资料确定已完成的沉降量，空隙率为两者的差值与地面的最大沉降量之比。

2）利用采空区勘察孔内空洞和裂隙的统计资料：空隙率为通过孔内空洞和裂隙发育的平均高度与矿层开采厚度之比。

3）利用地区已有的工程资料：一般情况下闭矿时间在5年之内，取值在30%～100%之间；闭矿时间在5年以上，取值在20%～50%之间。当采空区的顶板和覆岩为较坚硬的岩石时，取值宜稍大。

6.2.8 注浆施工顺序和工艺应符合下列规定：

1 施工应按下列顺序进行：

1）先施工边缘帷幕孔，后施工中间注浆孔，形成有效的止浆帷幕，阻挡浆液外流。

2）钻孔应分序次间隔进行，宜分两至三个序次成孔，一序次孔对采空区可以起到补勘的作用，根据实际地层及采空区情况对后序孔的孔位、孔距、孔数进行适当调整，弥补均匀布孔设计的不足。

3）注浆应间隔式分序次进行，一序次孔浆液可能扩散范围较大，二、三序次孔注浆将使前序次未充填的空洞得到充填。

4）倾斜煤层采空区应先施工沿倾向深部采空区边缘孔，采取从深至浅的施工序次。

2 注浆施工工艺可按以下三种情况选择：

1）当采空区为单层采空区时，宜采用一次成孔、自下到上，一次全灌注施工。

2）当采空区为多层采空区，矿层间隔较小，各矿层冒落、裂隙带互相贯通时，宜采用上行法注浆施工工艺，一次成孔、自下到上，一次全灌注施工。

3）当采空区为多层采空区，矿层间隔较大，各矿层冒落、裂隙带没有互相贯通时，宜采用下行法注浆施工工艺,自上到下,分段成孔,分段注浆。

6.3 其他处治设计方法

6.3.1 干(浆)砌支撑法应符合下列规定:

1 干(浆)砌支撑法适用于下列条件:
1)采空区未完全塌落、空间较大、埋深浅、通风良好,并具备人工作业和材料运输条件的采空区。
2)隧道穿越采空区时,使用浆砌片石加固隧道顶、底部和侧墙。
3)正在使用的巷道止浆墙。

2 采空区处治范围应按下列规定确定:
1)适用条件1)的处治范围应按本细则第6.2.2条的规定采用;
2)适用条件2)的处治长度为隧道轴向采空区实际分布长度,处治宽度可按式(6.3.1-1)计算:

$$B = B_1 + 2B_2 \tag{6.3.1-1}$$

式中:B——采空区处治宽度(m);
　　B_1——隧道的开挖断面宽度(m);
　　$B_2 = 2 \sim 4\text{m}$。

3 砌筑材料应以片石为主。路基可采用干砌片石和砂土;构造物宜采用浆砌片石处治。干(浆)砌材料要求应按表6.3.1的规定确定。隧道顶部采用浆砌片石或片石混凝土填充后,可采用锚杆进行锚固连接。

表6.3.1 干(浆)砌材料要求

工程类型	材料种类		
	浆砌片(块)石	干砌片(块)石	片(块)石混凝土
隧道顶部0~3m	≥M15		≥C15
隧道底部0~3m	≥M15	≥M15	≥C15
隧道侧壁	≥M15	≥M15	≥C15
桥梁基础、隧道底板3m以下或隧道顶板3m以上	≥M10	≥M10	≥C15
路基基底3m以下	≥M7.5	≥M7.5	≥C10
帷幕止浆	≥M7.5		≥C10

4 干(浆)砌支撑可分为全部砌筑和部分砌筑(墙柱式)支撑,其工程量应根据处治范围和采空区上覆工程类型分别进行计算。

1)全部砌筑支撑,可按式(6.3.1-2)计算:

$$Q_{总} = S \cdot M \cdot \xi \tag{6.3.1-2}$$

式中:$Q_{总}$——回填浆砌片石的量(m³);

S——根据处治范围,在井下测量的实际空洞的面积(m^2);

M——采空区平均高度(m);

ξ——塌落影响系数,可取0.9~1.0。

2)部分砌筑支撑,可按式(6.3.1-3)~式(6.3.1-5)计算。墙柱之间的距离可根据采空区顶板地层岩性及其破碎程度等地质条件进行稳定性计算或类比法确定,墙柱体宽度(包括为帷幕止浆墙厚度)一般不小于2m。

$$Q_{总} = S_1 \cdot M \cdot S / \Delta S \qquad (6.3.1\text{-}3)$$

$$Q_{总} = L_0 \cdot M \cdot 2B_2 \qquad (6.3.1\text{-}4)$$

$$Q_{总} = L_0 \cdot M \cdot B_2 \qquad (6.3.1\text{-}5)$$

式中:L_0——隧道穿越采空区的长度或止浆墙的宽度(m);

ΔS——单墙或单柱处治的有效面积(m^2),墙式:$\Delta S = B \cdot L_1$,柱式:$\Delta S = 1.13^2 \cdot L_1 \cdot L_1$;

S_1——单墙或单柱的平均面积(m^2),墙式:$S_1 = B_2 \cdot B$,柱式:$S_1 = B_2 \cdot B_2$;

L_1——墙顶中线之间距离或柱顶中心之间距离(m)。

其中,式(6.3.1-3)适用于适用条件1),式(6.3.1-4)适用于适用条件2),式(6.3.1-5)适用于适用条件3)。

6.3.2 开挖回填法应符合下列要求:

1 开挖回填法适用于以下条件:

1)挖方边坡内规模较小的采空区或巷道。

2)埋深小于6m的采空区,上覆顶板完整性差,岩体强度低,易开挖。

3)埋深6~20m的采空区,周围无任何建筑物,可采用爆破采空区顶板,回填后采用强夯或重锤夯实,地基稳定后方可施工。

2 开挖回填范围应按本细则第6.2.2条的规定采用。路基挖方边坡的处治范围为边坡外2~3m。

3 回填材料应符合以下要求:

1)回填材料应选用级配较好的砾类土、砂类土等粗粒土,填料最大粒径应小于150mm。

2)泥炭、淤泥、冻土、强膨胀土、有机质土及易溶盐超过允许含量的土,不得直接用于填筑路基。

3)当采用细粒土填筑时,路堤填料最小强度应符合表6.3.2-1的规定。

表6.3.2-1 回填材料强度要求

公路等级	高速公路、一级公路	二级及二级以下公路
填料最小强度(CBR)(%)	3	2

4)回填材料应分层铺筑,均匀压实,压实度应符合表6.3.2-2的规定。回填石料应分别采用不同的填筑层厚和压实控制标准,回填石料的压实质量标准宜用孔隙率作为控制指标,并结合压实功率、碾压速度、压实遍数、铺筑层厚等施工参数,压实质量应符合

表6.3.2-3的规定。

表6.3.2-2 回填料压实度要求

公路等级	高速公路、一级公路	二级公路	三、四级公路
压实度(%)	≥93	≥92	≥90

表6.3.2-3 回填石料压实质量控制标准

石料分类	摊铺层厚(mm)	最大粒径(mm)	压实干重度(kN/m³)	孔隙率(%)
硬质岩	≤600	小于层厚的2/3	由试验确定	≤25
中硬岩	≤500	小于层厚的2/3	由试验确定	≤24
软质岩	≤400	小于层厚	由试验确定	≤22

注：填石料压实质量可采用压实沉降差或孔隙率进行检测，孔隙率的检测应采用水袋法进行。

4 开挖回填工程量应按式(6.3.2-1)计算：

$$Q_总 = S \cdot (M \cdot K + h) / \psi \quad (6.3.2\text{-}1)$$

式中：$Q_总$——开挖后所需的回填量(m^3)；

S——采空区处治面积(m^2)，处治路基下伏采空区 $S = L \cdot B$，处治路基挖方边坡采空区 $S = L \cdot B_2$，$B_2 = 2 \sim 3m$；

L——采空区处治长度(m)；

B——采空区处治宽度(m)；

M——采空区的平均高度(m)；

K——矿层回采率(%)；

h——采空区上覆岩土体平均厚度(m)；

ψ——夯实系数，根据上覆岩土体密实度可取 $\psi = 0.85 \sim 0.95$。

6.3.3 巷道加固法应符合下列要求：

1 对于正在使用的生产、通风和运输巷道，或废弃巷道的结构不能保证上覆公路工程安全时应进行巷道加固处治。

2 经过稳定性评价后，需要加固巷道的范围应按本细则第6.2.2条的规定采用。

3 为保证正在使用的巷道和上覆公路工程的稳定与安全，在不影响巷道使用功能的情况下，应按现行《公路隧道设计规范》(JTG D70)相关规定对巷道进行加固设计。

4 废弃的巷道可根据巷道的现状条件，采用注浆或干(浆)砌支撑、开挖回填方法进行处治设计。

5 对于正在使用的巷道应按巷道加固计算工程量，废弃的巷道宜按对应的处治方法进行工程量计算。

6.3.4 强夯法应符合下列要求：

1 强夯法适用于以下条件：

1) 采空区埋深小于10m，上覆顶板完整性差、岩体强度低的地段；

2)爆破开挖回填后,或主变形已完成的采空区地段;

3)采空区边缘地带裂缝区的地表处治。

2 处治范围应按以下规定确定:

1)适用条件1)的处治范围可按本细则第6.2.2条的规定采用。

2)适用条件2)、3)的处治长度为公路中线采空区实际分布长度,处治宽度 B 应按式(6.3.4-1)计算:

$$B = B_0 + 2L_2 \quad (6.3.4-1)$$

式中:B_0——路堤底宽(m);

L_2——超出路基底宽强夯的范围(m),可取 $L_2 = 3 \sim 5$m。

3 强夯的夯击能量应根据现场试夯或当地经验确定,缺少试验资料或当地经验时可参考表6.3.4取值。当试夯二至三次采空区顶板未夯塌,可停止试夯,宜改用先爆破再强夯,并按现行《建筑地基处理技术规范》(JGJ 79)的相关规定进行夯实处治。

表6.3.4 强夯法的影响深度

单击夯击能 (kN·m)	处治深度 (m)	单击夯击能 (kN·m)	处治深度 (m)
1 000	5.0~6.0	5 000	9.0~9.5
2 000	6.0~7.0	6 000	9.5~10.0
3 000	7.0~8.0	8 000	10.0~10.5
4 000	8.0~9.0		

1)夯点的夯击次数,应按现场试夯得到的夯击数和夯沉量关系曲线确定,同时应符合下列要求:

——最后两击的平均夯沉量不宜大于下列数值:当单击夯击能小于4 000 kN·m时为50mm;当单击夯击能小于5 000kN·m时为100mm;当单击夯击能小于6 000kN·m时为200mm。

——夯坑周围地面不应有过大隆起。

——当夯坑过深时,应回填后再进行强夯,避免发生提锤困难。

2)采空区采厚相对较大时,可先进行一定高度的堆载后,再进行强夯,以防止夯机滑落到夯坑。

3)夯塌次数根据试验确定,夯实遍数以两至三遍为宜。

4 强夯回填量 $Q_总$ 应按式(6.3.4-2)~式(6.3.4-3)计算。

$$Q_总 = S \cdot (M \cdot K + h) \cdot (1 - \psi) \quad (6.3.4-2)$$

$$Q_总 = S \cdot h \cdot (1 - \psi) \quad (6.3.4-3)$$

式中:M——采空区的平均高度(m);

K——矿层回采率(%);

h——采空区上覆岩土体厚度(m);

ψ——夯实系数,根据上覆岩土体密实度可取 $\psi = 0.85 \sim 0.95$;

S——采空区处治面积(m^2),$S = L \cdot B$;

L ——采空区处治长度(m);
B ——采空区处治宽度(m)。
其中适用条件1)按式(6.3.4-2)计算,适用条件2)、3)按式(6.3.4-3)计算。

6.3.5 跨越法应符合下列要求:

1 跨越法适用于以下条件:

1)采用桩基穿过埋深不超过40m的采空区。

2)采用桥梁跨越宽度不超过40m的巷道或带状采空区,或采用梁、板跨越宽度不超过5m的巷道或带状采空区。

2 桥梁跨越采空区宜采用简支结构,计算桩基和承台的稳定性,桩基底应置于稳定地层内,且桩基顶放在移动角范围外,距移动角边界的距离应大于两倍桩径。

3 采用桩基穿过采空区时,应对采空区进行注浆或浆砌工程处治。

7 采空区处治施工

7.1 一般规定

7.1.1 采空区处治施工前,工程技术人员应熟悉勘察设计文件并编制施工组织设计。

7.1.2 应在已有地质、水文、采矿资料分析研究的基础上,通过现场调查,核实勘察报告中的相关内容。存在新采和复采情况时应进行动态设计与优化设计。

7.1.3 注浆法处治采空区时,应根据采空区覆岩厚度及其完整性、冒落带和裂隙带的发育程度、裂隙的连通性等特征,选择合适的成孔和注浆施工工艺。在缺乏经验的地区,应选择有代表性的区域进行现场试验。

7.1.4 非注浆法处治采空区时,应根据采空区的具体特征,采取针对性的工程技术措施。

7.1.5 各类施工机械和设备应按施工组织设计的要求配置,并按现场试验结果进行调整。

7.1.6 采空区处治施工前应制订完善的环境保护方案,切实执行国家环境保护法规。

7.2 注浆法处治施工

7.2.1 注浆法施工前,应做好以下准备工作:
1 采空区注浆处治施工所用的钻机、搅拌机、注浆泵、输浆管、注浆管、止浆塞和压力表等各类施工设备应符合以下要求:
 1)应根据采空区的埋深、覆岩岩性、注浆孔或帷幕孔的结构等要求,选择合适的钻机。
 2)搅拌机的转速应与所搅拌浆液类型相适应,拌和能力应与注浆泵排量相适应。
 3)每个浆站注浆泵数量不应少于2台,最大排浆量应满足采空区注浆和施工需要,最大泵压不宜小于4MPa。

4）输浆管宜采用无缝钢管或高压胶管，注浆管应采用无缝钢管。管路各部分应能承受最大设计注浆压力的1.5～2.0倍，不宜变径，在弯曲处不得变径；接头宜密封并易拆卸，接头和注浆管的外径应相同。

5）止浆塞应具有良好的膨胀和耐压性能，易于安装和拆卸。

6）注浆泵及孔口处压力宜在压力表最大标值的1/4～3/4之间。压力表应进行标定，压力表与管路之间应设有隔浆装置。

7）测斜仪等其他测量设备，其技术性能应符合有关规定，操作简单、计量准确。

2 试验室及设备应符合下列要求：

1）施工现场应设立试验室。试验室设置应符合《公路水运工程试验检测管理办法》的规定。

2）试验室应设在注浆站附近，应有试块养生池、试验工作台及各种浆液、试块性能测定仪器。

3 注浆站应符合下列要求：

1）采空区注浆工程应采用集中浆站制浆，浆站应设在工程区的中部。对于规模较大的采空区，可分段建立注浆站，每个注浆站与最远的注浆孔距离不宜大于300m。浆站的制浆能力应满足注浆高峰期各注浆孔的用浆需要。

2）注浆工程所用水、电等应设置专用管路和线路，且应满足施工需求。

3）浆站应设置排水沟排除废水，废水排放应符合环保要求。

4）水泥粉煤灰浆液必须进行两级搅拌，一、二级搅拌机之间应有高差，便于放浆、过滤杂物，放浆门应启闭方便，不易堵塞，不宜采用闸阀开关。

5）钢球、阀座、缸套、活塞、拉杆等注浆泵易损件应有足够的备用件。

6）注浆站输浆管路宜少设置弯头，设备及管路排列应紧凑，便于操作和管理。

4 注浆材料应符合下列要求：

1）水泥必须符合质量标准，不得使用受潮结块的水泥。

2）粉煤灰质量等级应符合设计要求，料场应加以围护，并采取防尘措施。

3）注浆用水应符合拌制混凝土用水的要求。

5 测量控制点应设置在采空区影响范围之外，并加以防护。

7.2.2 注浆孔施工及浇筑孔口管应符合下列要求：

1 钻孔施工应符合下列要求：

1）钻孔宜采用回转式钻机，也可采用冲击式或回转冲击式钻机。当采用冲击式钻进时，应加强钻孔裂隙的冲洗。检查孔施工必须采用回转式取芯率高的钻机。

2）钻机安装必须水平稳固，钻孔与设计孔位的偏差不应大于0.5m，特殊孔位偏差不应大于0.1m。

3）钻进时可使用钻铤或其他导向措施，防止孔斜偏大。应按设计要求的频次进行孔斜测量，当孔斜超过设计要求时，应及时纠正。

4）注浆孔、帷幕孔钻至裂隙带、冒落带时，应用清水钻进。

5）钻孔遇到漏水、掉钻等现象,应做好记录。钻进过程中遇到塌孔、埋钻时,应分析原因,查明情况,采用跟管钻进或先行灌浆处理后再钻进。

6）钻探原始记录和岩芯编录,应详细、准确、真实,签署完备。

7）钻进结束后,应进行钻孔冲洗,孔底沉渣不得堵塞有效注浆区域。

8）当钻孔施工作业暂时中止及钻孔终孔未注浆前,孔口应加盖防护。

2 空隙、裂隙压水冲洗应符合下列要求:

1）采用全孔一次注浆法和自下而上（简称上行式）注浆法时,可在注浆前全孔进行一次空隙、裂隙冲洗;采用自上而下（简称下行式）分段注浆法时,每段注浆前应采用压力水进行空隙、裂隙冲洗。

2）冲洗压力宜为注浆压力的80%,且不大于1MPa,冲洗时间为5~10min。漏水量大于100L/min时,可停止冲洗。

3）遇水易软化的岩层,注浆前可不进行空隙、裂隙的压水冲洗。

4）施工过程中,孔内不返水和掉钻的钻孔,可不进行压水冲洗。

3 浇筑孔口管的操作应按准备工作、下注浆管及托盘、搅拌水泥、浇筑注浆管及托盘和保护管口的流程进行。

7.2.3 注浆浆液应符合下列要求:

1 注浆浆液的配制应符合下列要求:

1）水泥应采用质量称量法,粉煤灰应采用标定的容器计量,制浆材料称量误差不应大于2%。

2）现场的加料应先在搅拌池内放入规定量的水,再加入水泥、粉煤灰,待搅拌均匀后,最后加入外加剂。

3）制浆分两级搅拌。一级搅拌池的搅拌时间不应少于3min,随后放入二级搅拌池。浆液进入二级搅拌池时必须用筛网过滤,停留时间不应超过4h。

4）浆液加入外加剂的种类及加入量,应按照设计要求并通过现场试验确定。

2 浆液性能的测定应符合下列要求:

1）施工前,应按设计的注浆浆液配合比进行试验,确定浆液的密度、黏度、结石率、初凝和终凝时间以及结石体的无侧限抗压强度等各项参数。

2）施工过程中,应按规定频率测定浆液和结石体的上述参数。

3）浆液必须搅拌均匀后方可进行测定。

4）测试技术要求可按现行《公路工程水泥及水泥混凝土试验规程》(JTG E30)及《公路桥涵施工技术规范》(JTG/T F50)中的相关规定执行。

3 注浆浆液试块宜选用70.7mm×70.7mm×70.7mm模具成型,按照标准条件及温度进行养护。

1）当采空区无水时,浆液的结石体试件应在采空区的温度和无水条件下养护。对脱模的试块,每隔1~2d洒一次水,使其保持潮湿。

2）当采空区充水时,浆液的结石体试件应在采空区温度和有水条件下养护。浆液倒入模具后,应迅速置于养护池中,使其在水中成型,脱模后应在原条件下养护。

7.2.4 注浆施工应符合下列要求:

1 应按设计要求进行试验段的注浆试验,试验段的位置不宜选在可能导致不良注浆后果的帷幕线上。

2 单层采空区注浆施工宜采用全孔一次注浆法。注浆钻孔止浆可一次完成,采用法兰盘简易止浆法或止浆塞、套管等方法止浆。

3 处治多层采空区,当采用下行式分段注浆法时,宜选用套管止浆;当采用上行式分段注浆法时,宜采用止浆塞止浆。

4 在钻进过程易塌孔的钻孔,宜采用套管止浆。

5 浆液的水固比可采用 1:1.0、1:1.1、1:1.2、1:1.3 四个浓度比级。根据采空区特点、工程目的、施工现场的具体情况,可选用其中 2 个或 3 个浓度比级,施工中一般采用由稀到浓进行。

6 注浆前应量测注浆孔的孔深、水位,当实测孔深与终孔孔深相差较大时,应扫孔至设计标高。

7 同一地段的采空区注浆,应按先帷幕孔、后注浆孔、先低处后高处的顺序进行。

8 帷幕注浆应按分序间隔的原则进行。

9 注浆过程中,应对邻孔水位进行观测。发现相邻孔串浆时,被串浆孔具备注浆条件,应用两台泵对两孔同时注浆。不具备注浆条件时应封堵串浆孔,待注浆孔注浆结束后,对串浆孔进行扫孔、冲洗,而后进行注浆。

10 注浆在设计规定的结束压力下,当单位注浆量小于 70L/min,并稳定 15min 以上时,注浆终止。

11 结束压水是在注浆孔已达结束标准,准备起拔套管前,防止堵管和提管后的喷浆而进行的工序。宜压入注浆管路容积 1~2 倍的水量。压水困难时应先关闭孔口阀门,冲洗输浆管路,待孔内压力消失后方可打开。

12 全孔注浆结束后起拔止浆设施,应用浓水泥浆从孔口灌入孔内,浆液达孔口后封孔结束。

13 在注浆前、后及注浆过程中,应对注浆泵压、孔口压力、吸浆量、浆液浓度及邻孔水位等进行定时观测记录。

14 注浆工程完工后,施工单位应及时整编竣工资料。竣工资料应包括钻孔施工记录、注浆工程记录、原材料及浆液的检验测试资料等。记录表格应符合本细则附录表 F.0.1~表 F.0.8 的规定。

7.2.5 特殊情况的注浆施工尚应符合下列要求:

1 采空区空洞高度大于 1m 时,宜采用套管止浆并扩大注浆孔孔径,往孔内投入粒径小于 5mm 的粗集料,而后低压浓浆灌注并采取添加速凝剂、限流、限量、间歇注浆等措施,速凝剂掺量宜为水泥重量的 3%~5%。

2 当采空区充水时,宜采用浓浆并添加速凝剂。

3 应根据采空区的埋深、空隙、裂隙的大小及其连通性选用注浆压力,并针对上覆工程类型做出调整。对重要构造物应选用较高的注浆压力,并通过现场注浆试验确定。

4 当注浆压力保持不变,单位吸浆量持续减少时,或当单位吸浆量不变而压力持续升高时,不应改变水固比。

5 当某一浓度浆液的注入量已达设计量的20%以上或灌注时间已达2h,而注浆压力和单位吸浆量均无明显改变时,应调浓一级或两级灌注。

6 当单位吸浆量大于250L/min时,可越级变浓。

7 注浆过程中发生冒浆时,应采用低压、浓浆、小泵量、间歇注浆等方法进行处理。

8 间歇压水,当需要采用间歇注浆法施工时,每次停注时应进行间歇压水,以防再次注浆时注浆管路堵塞。

9 采用上行式注浆法需间歇注浆,当无埋管危险时,可不提止浆塞。有埋管危险时应提起止浆塞并冲洗管路,间歇后复注,直至达到注浆结束标准,进入封孔工序。

7.2.6 质量控制与安全管理应符合下列要求:

1 注浆材料:

1)袋装水泥在运输和储存时应防止受潮。不同强度等级、品种和出厂日期的水泥应分别堆放。

2)散装水泥应采用水泥罐或散装水泥仓库储存。

3)水泥受潮或存放时间超过3个月时,应重新取样检验。

4)粉煤灰在运输与存储中,应防止污染,且不应与水泥等其他粉状材料混堆。

2 注浆浆液检测试验及配制:

1)注浆所用水泥,每个批号产品应检测一次。同批号水泥超过300t时,每300t检测一次。

2)粉煤灰每500~800t应检测一次。

3)注浆量每达300~500m³时,应抽检一组浆液试样,检测浆液的密度、结石率、初凝和终凝时间及结石体的无侧限抗压强度等参数。

4)当一个注浆孔采用几种配比时,每种配比均应测定上述参数值。

5)在配制过程中应用磅秤抽查水泥、粉煤灰等材料的数量。

3 注浆施工:

1)钻机施工前,应对动力系统、升降系统、钻塔各部位进行检查。

2)搅拌系统、注浆设备及机具等应定期检测和维修。

3)压力表应进行检查和标定,严禁使用不合格的压力表。

4)施工过程中应设专人对注浆施工区域随时巡查。

4 安全生产:

1)钻探施工必须严格执行安全操作规程,应重视雨季和冬季的安全管理工作。

2)注浆机械设备的转动与传动部分必须安装保护网或防护罩。

3)存储、试验、检测和使用水泥、粉煤灰及添加剂等注浆材料时,应采取劳动保护和安全保护措施。

7.3 其他处治方法施工

7.3.1 干(浆)砌支撑法应符合下列要求:

1 施工准备:

1)应调查核实采空区位置、范围等基础资料,准备施工机械设备。

2)测量、放样的精度应满足设计要求,对支撑位置及范围进行标示。

2 进场材料应满足现行《公路土工试验规程》(JTG E40)及《公路路基施工技术规范》(JTG F10)中的相关规定,具体要求如下:

1)石料应均匀、不易风化、无裂纹。石料规格、强度应符合设计要求,石料强度的测定应按现行《公路工程岩石试验规程》(JTG E41)执行。

2)砌筑所用砂浆的类别和强度等级应符合设计规定。水泥、砂、水等材料的质量标准应符合混凝土工程相应材料的质量标准。

3 施工技术要求:

1)干砌石应分层砌筑,以2~3层砌块组成一工作层,每一工作层的水平缝应大致找平。各工作层竖缝应相互错开,不得贯通。外圈定位行列和转角石,应选择形状较为方正及尺寸较大的砌石,并长短相间地与里层砌块咬接。砌缝宽度不应大于40mm。干砌石应从里到外施工,以2~3m作为一个施工段。施工时应注意通风安全。

2)浆砌石砌块在使用前必须浇水湿润,表面如有泥土、水锈,应清洗干净。砌筑第一层砌块时,应先将基底表面清洗、湿润,再坐浆砌筑。砌体应分层砌筑,砌体较长时可分段分层砌筑,两相邻工作段的砌筑差不宜超过1.2m。各段水平砌缝应一致。各砌层应先砌外圈定位行列,然后砌筑里层,外圈砌块应与里层砌块交错连成一体。砌体里层应砌筑整齐,分层应与外圈一致。砌筑工作中断后恢复砌筑时,已砌筑的砌层表面应加以清扫和湿润。

4 施工质量检验:

1)材料进场前,应对石料、砂、水泥等材料进行检测,检测合格方可使用。

2)砌体质量标准应符合表7.3.1的要求。

表7.3.1 砌体质量标准

项次	检查项目		规定值或允许偏差	检查方法和频率
1	砂浆强度(MPa)		不小于设计值	每1工作台班2组试件
2	平面位置(mm)		50	每20m检查外边线5点
3	断面尺寸(mm)		不小于设计值	尺量:每20m检查4个断面
4	表面平整度(mm)	片石	20	直尺:每20m检查5处,每5处检查竖直和墙长两个方向
5		块石	30	

7.3.2 开挖回填法应符合下列要求：

1 调查核实采空区位置、范围等基础资料，准备施工机械设备。

2 测量、放样的精度应满足设计要求，应标志清楚开挖回填边界。

3 对进场材料应进行试验，质量应满足现行《公路土工试验规程》(JTG E40)及《公路路基施工技术规范》(JTG F10)中的相关规定。

4 开挖时，基坑周围应按照边坡稳定性计算放坡开挖。回填时，填土应分层夯实。

5 开挖回填施工应根据设计要求和现场条件，选择适当的施工机械。

7.3.3 巷道加固法应符合下列要求：

1 对巷道进行施工前的调查核实，确认施工方案是否可行，并准备相应的施工机械设备。

2 测量、放样的精度应满足设计要求，对加固范围边界标志清楚。

3 应对进场材料进行强度试验，质量应满足现行《公路土工试验规程》(JTG E40)及《公路路基施工技术规范》(JTG F10)中的相关规定。

4 正在使用巷道的加固施工，应根据设计要求，按现行《公路隧道施工技术规范》(JTG F60)中的相关规定和要求执行。

5 废弃巷道的加固应根据设计采用的方法进行施工。

7.3.4 强夯法应符合下列要求：

1 对强夯范围的采空区进行施工前的调查核实，确认施工方案是否可行，并准备相应的施工机械设备。

2 测量、放样的精度应满足设计要求，对加固范围边界标志清楚。

3 在施工现场选取一个或几个有代表性的试验区进行试夯。试夯时应按场地地质条件及设计要求，确定夯击能大小、点夯次数及夯点间距。取得适宜的强夯参数，确保强夯处治效果。

4 强夯法施工和质量检验应按现行《建筑地基处理技术规范》(JGJ 79)中相关规定执行。

5 检查施工过程中的各项测试数据和施工记录，不满足设计要求时，应补夯或采取其他有效措施。

6 强夯处治后的地基检测，应在施工结束后间隔一定时间进行。

7.3.5 跨越法应符合下列要求：

1 对采空区进行施工前的调查核实，确认跨越方案是否可行，并准备相应的施工机械设备。

2 测量、放样的精度应满足设计要求，对加固范围边界标志清楚。

3 跨越法施工应符合现行《公路桥涵施工技术规范》(JTG/T F50)的相关规定。

4 采用桩基穿越采空区时，应根据设计要求，对采空区进行注浆处治，浆液凝固后方可进行桩基施工。

5 桩基施工可根据采空区条件选用人工挖孔或钻孔。

1）人工挖孔桩适用于地下水位较深，采空区巷道或空洞为干洞；采空区顶板岩层较完整，挖孔施工时不易塌孔；以及采空区巷道或空洞内无有毒有害气体。

2）钻孔桩适用于地下水位较浅，采空区巷道或空洞内充水或泥；以及采空区顶板岩层较差，塌落较严重的情况。当孔壁不稳、难以成孔时，可采用钢护筒跟进成孔。

8 采空区处治监测与检测

8.1 一般规定

8.1.1 采空区公路监测应根据采空区特征和工程的需要布设。当以路基方式通过新采区时,宜进行采空区变形跟踪监测;当采空区以桥梁或隧道方式通过采空区时,应对采空区变形进行全过程多方位长期监测。

8.1.2 采空区检测可采用钻探、物探、室内试验、孔内电视和钻孔注浆等方法。检测项目应包括孔内波速测试、浆液结石体的抗压强度测试和变形监测等。

8.1.3 监测和检测的记录、数据应及时分析、整理,提交成果报告,并附相关的图表。监测数据出现异常波动时,应加密监测频次,必要时应发出预警。

8.1.4 采空区监测与检测除应符合本细则的规定外,尚应符合现行《公路工程地质勘察规范》(JTG C20)等相关标准的规定。

8.2 采空区处治监测

8.2.1 监测项目应包括水平位移、垂直位移、构造物倾斜和裂缝监测,监测项目及方法应符合表8.2.1的规定。

表8.2.1 监测项目及方法

项　　目	监测方法
水平位移监测	三角网、极坐标法、交会法、GPS测量、激光准直法等
垂直位移监测	水准测量、三角高程测量等
构造物倾斜监测	经纬仪投点法、差异沉降法、激光准直法等
裂缝监测	精密测距、伸缩仪、测缝计、位移计等

8.2.2 应根据矿层开采深度、开采方式,按照现行《工程测量规范》(GB 50026)精度要求,确定监测点,建立监测网,进行定位监测。监测点间距可按本细则表3.2.3-1确定。水平位移、垂直位移监测网的精度要求应符合附录G的规定。

8.2.3 当采空区面积较大,回采率较高,地表形成平底移动盆地时,应重点在采空区边缘区布设监测点。当采空区面积较小,回采率较低,采空区地表变形有突发性、潜伏性和长期性时,宜布设长期监控点。

8.2.4 基准点的设置应参照现行《工程测量规范》(GB 50026),选择在非采空区且不受采空区影响的稳定区域内,基点距采空区的距离应大于0.7倍的开采深度。监测点应兼顾采空区边缘区和构造物的特殊部位均匀布设。监测精度应根据构造物类型及重要程度按现行《工程测量规范》(GB 50026)表10.1.3确定。

8.2.5 监测点标志应采用预制钢筋混凝土或现场浇筑混凝土,桩顶中央应有十字标志,标桩规格应参照现行《工程测量规范》(GB 50026)四等水准点要求制作,标石埋设深度应大于当地冻土深度0.25m。

8.2.6 路基监测网可按本细则3.3.3的规定设置。

8.2.7 桥梁监测点纵向应逐墩布设;横向应以墩台为中心向两侧布设,距中心点依次为0 m、15m、30m。桥梁施工中应充分利用勘察过程中的监测成果,同时在每个墩台外侧应增设两个监测点,连续观测。

8.2.8 隧道监测应沿隧道轴线每50~100m在地表布设1个横断面,监测点以隧道轴线分左右依次为0 m、30m、50m在路线两侧布设。隧道施工期间应按现行《公路隧道施工技术规范》(JTG F60)进行隧道监控量测,监测项目应包括地质和支护裂缝观察描述、周边位移监控、拱顶下沉和地表下沉等。

8.2.9 采空区监测宜从勘察阶段开始至公路运营1~2年后停止或根据观测曲线的稳定趋势,结合开采方式和开采深度,确定监测周期。公路采空区监测周期可按本细则表3.2.3-2确定。

8.2.10 采空区处治施工期间监测,半年内宜每周监测一次,半年后至通车期间内宜每月监测一次;通车两年内,每两个月宜监测一次;变形显著时,应增加监测频次。经变形监测资料分析和评价,确认采空区已完全稳定,对公路工程无影响时,方可停止监测。

8.2.11 监测数据应进行平差,并计算监测点及相邻两次监测的沉降量、累计沉降量、沉降速率、累计沉降速率、水平位移量、累计水平位移量,以及相邻点间的垂直变形和水平变形。地表变形计算表格可参见附录H。

8.2.12 应编制垂直下沉曲线图、水平位移曲线图、累计水平位移曲线图和垂直、水平变形等值线图以及相应统计分析表格等。

8.2.13 应结合公路工程地基允许变形值进行变形分区,并对处治效果及地基稳定性做出评价。应编制监测报告,内容包括观测方法、过程、检测成果分析、残余变形量确定及采空区处治效果评价。

8.2.14 监测结果应修正软弱土、湿陷性黄土或其他特殊性岩土对数据的影响。

8.3 采空区处治检测

8.3.1 采空区处治检测应符合表8.3.1的规定。

表8.3.1 采空区处治检测项目及适用条件

序号	检测项目	检测方法	检测频次
1	结石体无侧限抗压强度 R_c(MPa)	钻探	隧道每50～100m,桥梁逐墩台,路基按注浆孔总数的2%控制
2	横波波速 v_s(m/s)	孔内波速测井	每米一个检测点
3	充填率 η(%)	岩芯描述、孔内电视、开挖	视情况而定
4	注浆量(L/min)	注浆	隧道和桥梁采空区检测孔内
5	倾斜值 i(mm/m) 水平变形值 ε(mm/m) 曲率值 K(mm/m²)	变形观测	注浆结束6个月后

注:1～3项为路基工程检测项目,1～5项为桥隧工程检测项目。

8.3.2 钻探及岩土测试应在采空区处治施工结束6个月后进行。在采空区处治范围内,应按设计要求,钻孔取全芯,钻孔孔径不小于91mm,每回次岩芯采取率应大于90%。

8.3.3 应通过对钻孔岩芯的观察和描述,判断浆液对采空区空洞和裂隙的充填胶结程度。浆液结石体应做抗压强度试验,其强度标准:路基不应小于0.6MPa,桥隧不应小于2.0MPa。

8.3.4 路基每200～300m应布设1个检测孔,桥梁每墩台应有1个检测孔,隧道每50～100m应有1个检测孔,且检测孔总数不得少于注浆孔总数的2%。

8.3.5 检测孔取芯完成后,应在孔内进行波速测试,并应符合以下规定:
1 应以采空区受注层平均剪切波速作为评价采空区处治工程质量的指标。
2 应利用采空区勘察过程中取得的采空区波速资料和注浆施工后检测钻孔中取得的波速测井资料进行对比,分析判断采空区处治效果。

3 应以跨孔弹性波 CT 检测的波速差异评价处治后岩体的完整性。

8.3.6 应通过孔内电视观察孔壁岩体的空洞、裂隙、浆液的充填情况以及岩体的完整程度,根据图像的形态、颜色及光亮等信息,综合评价采空区的处治效果。

8.3.7 当采空区埋深小于 20~30m 时,可采用开挖检测,通过探井、探坑,直接观测处治段浆液充填和结石情况,确认有无空洞,测试结石体强度,计算充填率。

8.3.8 桥梁和隧道等重要构造物应采用注浆检测。注浆浆液应为水泥浆,水固比宜采用 1:1.2。注浆结束条件为单位时间注入孔内浆量小于 50L/min,注浆持续时间 15~20min,终孔压力 2~3MPa。当浆液的注入量超过处治单孔平均注浆量的 5% 时,应查明原因,做出综合分析,必要时进行补充注浆。

8.3.9 检测评价报告内容应包括工程概况、检测项目、检测方法、试验报告、工程质量和处治效果评价,并应整理原始记录、图件、表格及影像资料,一并装订存档。

8.4 采空区处治质量验收标准

8.4.1 依据采空区处治检测结果,应按表 8.4.1 的规定进行采空区处治质量验收。

表8.4.1 采空区处治质量验收标准

序号	检测方法	检测项目	检测标准
1	钻孔取芯	结石体无侧限抗压强度 R_c(MPa)	桥隧≥2.0; 路基≥0.6
2	孔内波速测井	横波波速 v_s(m/s)	路基>250;桥隧>350
3	注浆检测	注浆量(L/min)	注浆结束条件为单位时间注入孔内浆液量小于 50L/min,注浆持续时间 15~20 min,终孔压力 2~3MPa。当浆液的注入量超过处治单孔平均注浆量的 5% 时,应查明原因
4	变形检测	倾斜值 i(mm/m)	<3.0
		水平变形值 ε(mm/m)	<2.0
		曲率值 K(mm/m^2)	<0.20
5	充填率、岩芯描述、孔内电视	观测、描述	采空区冒落段岩芯采取率大于或等于 90%,浆液结石体明显,钻进过程中循环液无漏失等

注:1 项和 2 项为路基检测项目;1 项、2 项、3 项、4 项为桥梁和隧道检测项目;5 项为描述性参照评价项目。

8.4.2 路基工程检测指标应为结石体抗压强度和横波波速。充填率为描述性检测项目,可参照评价。

8.4.3 桥梁和隧道工程检测指标应包括结石体抗压强度、横波波速、注浆量及变形检测。

8.4.4 采空区各项检测指标均达到设计要求时,采空区处治工程质量为合格,可进行路基、桥梁或隧道等主体工程的施工。

8.4.5 采空区检测指标中有一项未达到设计要求时,采空区处治工程质量为不合格,应进行原因分析,并制订整治和补救方案,方案实施后重新检测和验收。

附录 A 采空区勘察方法有关表格

A.0.1 采空区专项调查的内容应符合表 A.0.1 的要求。

表 A.0.1 采空区专项调查

调查人： 资料来源： 被调查人年龄： 被调查人是否从事过采矿工作： 调查时间：

矿山名称及里程桩号	长度(m)	宽度(m)	矿山性质	开(停)采年限	实际产生能力(万吨/年)	开采方式	矿层编号	采厚(m)	埋深(m)	顶板岩性	底板岩性	采空区充水情况	煤层产状	开采方式	回采率(%)	采空区三带特征	地表变形特征	沉降量计算	备注
	▲	▲	▲	▲	▲	▲	▲	▲	▲	▲	▲	▲	▲	▲	▲		▲		
	●	●		●				●	●				●		●	●	●	●	

收集资料说明：收集矿井采掘工程平面图，井上下对照图，井上下井巷工程平面图，钻孔柱状图，地形地质图，矿井排水图，井下出水点水量观测记录表，工作面掘进巷道时探放水记录等；收集开采沉陷观测资料及采动损害资料及采空区移动变形的影响资料；收集采空区附近抽水排水对采空区移动变形的影响资料；收集工作面布置，工作面推进方向，工作面推进速度，开采顺序和准备工作面的布置。

注：▲——预、工可阶段需初步查明； ●——初步设计阶段，施工图设计阶段进一步查明。

A.0.2 物探方法的选择,可按表 A.0.2 确定。

表 A.0.2 常用物探方法

方法种类		成果形式	适用条件	有效深度(m)	干扰及缺陷
电法	高密度电法	平、剖面	任何地层及产状,具有良好的接地条件	≤100	高压电线、地下管线、游散电流、电磁干扰
	电测深法	剖面	地形平缓,具有稳定电性标志层,地电层次不多,电性层与地质层基本一致	≤1 000	
	充电法	平面	充电体相对围岩应是良导体,要有一定规模,且埋深不大	≤200	
电磁法	瞬变电磁法 可控源音频大地电磁法	平、剖面	探测目标与周围介质呈相对高、低阻,地面或空间没有大的金属结构体、厂矿及较大村镇	500~1 000	
	地质雷达	剖面	探测目标与周围介质有一定电性差异,且埋深不大,或基岩裸露区	地面≤30 孔内等效钻孔深	高导、厚覆盖受限
地震法	地震勘探	平、剖面	折射波法要求被探测物波速大于上覆地层,无法探测速度逆转层;反射波法要求地层具有一定波阻抗差异;两者探测薄层能力差,地形较平坦,地层产状小于30°	适用于深部采空区探测	黄土覆盖较厚、古河道砾石、浅水面埋深大等地区
	瞬态面波	平、剖面	覆盖层较薄,采空区埋深浅,地表平坦、无积水	≤40	
	地震映像	剖面	覆盖层较薄,采空区埋深浅	≤150	
测井法	弹性波CT	剖面	井况良好,井径合理,激发与接收配合良好	等效钻孔深	游散电流、电磁干扰
	常规测井	剖面	电、声波、密度测井在无套管、有井液的孔段进行;放射性测井则无此要求		
	超声成像测井	剖面	无套管有井液的孔段进行		
	孔内摄像	剖面	只能在无套管的干孔和清水钻孔中进行		
重力法	微重力勘探	平面	地形平坦,无植被,透视条件好	≤100	地形、地物
放射性	放射性勘探	平、剖面	探测对象要具有放射性		

注:1. 工程物探的质量控制,应符合现行《公路工程物探规程》(JTG/T C22)的规定;
2. 有效深度宜通过现场试验确定。

附录 B 采空区移动变形观测有关表格

B.0.1 采空区水平位移变形观测,可按表 B.0.1 的规定进行。

表 B.0.1 采空区水平位移观测成果

观测点号	第　次　年　月　日			第　次　年　月　日			第　次　年　月　日		
	横坐标 X (m) 纵坐标 Y (m)	本次位移量 (mm)	累积位移量 (mm)	横坐标 X (m) 纵坐标 Y (m)	本次位移量 (mm)	累积位移量 (mm)	横坐标 X (m) 纵坐标 Y (m)	本次位移量 (mm)	累积位移量 (mm)

记录: 复核:

B.0.2 采空区垂直位移变形观测,可按表 B.0.2 的规定进行。

表 B.0.2 采空区垂直位移观测成果

观测点号	第 次			第 次			第 次		
	年 月 日			年 月 日			年 月 日		
	高程（m）	本次下沉量（mm）	累计下沉量（mm）	高程（m）	本次下沉量（mm）	累计下沉量（mm）	高程（m）	本次下沉量（mm）	累计下沉量（mm）

记录：　　　　　　　　　　　　　　　　　　　　　　　　复核：

B.0.3 采空区水平位移变形速率,可按表 B.0.3 的规定进行。

表 B.0.3 采空区水平位移速率统计

观测点号	月 日 ~ 月 日		月 日 ~ 月 日		月 日 ~ 月 日	
	X 位移量(mm)	速率(mm/d)	X 位移量(mm)	速率(mm/d)	X 位移量(mm)	速率(mm/d)
	Y 位移量(mm)	速率(mm/d)	Y 位移量(mm)	速率(mm/d)	Y 位移量(mm)	速率(mm/d)

记录: 复核:

B.0.4 采空区垂直位移变形速率,可按表 B.0.4 的规定进行。

表 B.0.4 采空区垂直位移速率统计表

观测点号	月 日 ~ 月 日		月 日 ~ 月 日		月 日 ~ 月 日	
	位移量(mm)	速率(mm/d)	位移量(mm)	速率(mm/d)	位移量(mm)	速率(mm/d)

记录: 复核:

B.0.5 采空区变形参数，可按表 B.0.5 的规定整理。

表 B.0.5 采空区变形参数

里程桩号	采空区名称	采厚(m)	地表下埋深(m)	岩层倾角(°)	最大下沉量(mm)	最大倾斜值(mm/m)	最大曲率值(mm/m²)	最大水平变形值(mm/m)	地表变形钻探情况	剩余空隙率(%)	剩余下沉量(mm)	剩余倾斜值(mm/m)	剩余曲率值(mm/m²)	剩余水平变形值(mm/m)

编制：　　　　　　　　　　　　　　　复核：

B.0.6 采空区对公路工程的危害程度，可按表 B.0.6 的规定评价。

表 B.0.6 采空区对公路工程危害程度综合评价

序号	矿企名称	采空区分布里程	长度(m)	土石比例	顶板岩性	开采年限	设计标高下采深(m)	开采方式	采厚(m)	开采煤层	回采率(%)	采深采厚比/采深采宽比	地表变形特征	充水情况	剩余下沉值(mm)	剩余倾斜值(mm/m)	剩余曲率值(mm/m²)	剩余水平变形值(mm/m)	工程稳定性类型	工程稳定性评价	危害程度

编制： 复核：

B.0.7 采空区剩余空洞体积，可按表 B.0.7 的规定确定。

表 B.0.7 采空区剩余空洞体积一览表

序号	采空区分布里程及名称	长度(m)	影响宽度(m)	埋深(m)	采空区面积(m^2)	采厚(m)	开采煤层	回采率(%)	剩余空隙率(%)	剩余空洞体积(m^3)

编制： 复核：

附录 C 采空区冒落带、裂隙带计算方法

C.0.1 缓倾斜(0°~35°)、中倾斜(36°~54°)时：

1 冒落带高度计算应符合下列要求：

1）当煤层顶板覆岩内有极坚硬岩层，采后能形成悬顶时，其下方的冒落带最大高度可按式(C.0.1-1)计算：

$$H_m = \frac{M}{(K-1)\cos\alpha} \quad (C.0.1\text{-}1)$$

式中：M——煤层采厚(m)；
K——冒落岩石碎胀系数；
α——煤层倾角(°)。

2）当煤层顶板覆岩内为坚硬、中硬、软弱、极软岩层或其互层时，开采单一煤层的冒落带最大高度可按式(C.0.1-2)计算：

$$H_m = \frac{M-W}{(K-1)\cos\alpha} \quad (C.0.1\text{-}2)$$

式中：W——冒落过程中顶板的下沉值(m)。

3）当煤层顶板覆岩内为坚硬、中硬、软弱、极软岩层或其互层时，厚层煤分层开采的冒落带最大高度可按表 C.0.1-1 中的公式计算。

表 C.0.1-1 厚煤层分层开采的冒落带高度计算公式

覆岩岩性(天然单向抗压强度及主要岩石名称)(MPa)	计算公式(m)
坚硬(40~80，石英砂岩、石灰岩、砂质页岩、砾岩)	$H_m = \dfrac{100\sum M}{2.1\sum M + 16} \pm 2.5$
中硬(20~40，砂岩、泥质灰岩、砂质页岩、页岩)	$H_m = \dfrac{100\sum M}{4.7\sum M + 19} \pm 2.2$
软弱(10~20，泥岩，泥质砂岩)	$H_m = \dfrac{100\sum M}{6.2\sum M + 32} \pm 1.5$
极软弱(<10，铝土岩、风化泥岩、黏土、砂质黏土)	$H_m = \dfrac{100\sum M}{7.0\sum M + 63} \pm 1.2$

注：$\sum M$——累计采厚。

2 公式应用范围：单层采厚 1~3m，累计采厚不超过 15m；计算公式中 ± 号项为中误差，表 C.0.1-1 和表 C.0.1-2 相同。

3 煤层覆岩内为坚硬、中硬、软弱、极软岩层或其互层时,厚层煤分层开采的裂隙带最大高度可按表C.0.1-2中的公式计算。

表 C.0.1-2 厚煤层分层的裂缝带高度计算公式

岩 性	计算公式(m)	岩 性	计算公式(m)
坚硬	$H_{li}=\dfrac{100\sum M}{1.2\sum M+2.0}\pm 8.9$	软弱	$H_{li}=\dfrac{100\sum M}{3.1\sum M+5.0}\pm 4.0$
中硬	$H_{li}=\dfrac{100\sum M}{1.6\sum M+3.6}\pm 5.6$	极软弱	$H_{li}=\dfrac{100\sum M}{5.0\sum M+8.0}\pm 3.0$

C.0.2 急倾斜煤层(55°~90°)时:煤层顶、底板为坚硬、中硬、软弱岩层,用垮落法开采时的冒落带和裂隙带高度,可按表C.0.2中的公式计算。

表 C.0.2 急倾斜煤层冒落带、裂隙带高度计算公式

覆岩岩性	裂隙带高度(m)	冒落带高度(m)
坚硬	$H_{li}=\dfrac{100Mh}{4.1h+133}\pm 8.4$	$H_m=(0.4\sim 0.5)H_{li}$
中硬、软弱	$H_{li}=\dfrac{100Mh}{7.5h+293}\pm 7.3$	$H_m=(0.4\sim 0.5)H_{li}$

附录 D 采空区地表移动变形计算

D.0.1 水平及缓倾斜矿层（$\alpha < 15°$）概率积分法半无限地表移动变形最大值及其位置计算。

1 中硬覆岩的长壁式垮落法半无限采空区地表移动、变形最大值及其位置的计算。

1）地表最大下沉值 W_{max}（mm）及其位置 x 按式（D.0.1-1）计算：

$$\left.\begin{array}{l} W_{max} = mq\cos\alpha \\ x = \infty \end{array}\right\} \quad (D.0.1\text{-}1)$$

式中：m——矿层厚度（m）；

　　　q——下沉系数，准确值由矿区实际测量资料确定，近似值可按表 D.0.1-1、表 D.0.1-4 中条件相近的实际资料确定；

　　　α——矿层倾角（°）；

　　　x——计算点的坐标值（m）。坐标原点位于采空区边界，但要考虑盆地拐点偏距 S，$S \approx 0.3r$，计算坐标系统见图 D.0.1。

2）地表倾斜最大值 i_{max}（mm/m）及其位置 x 按式（D.0.1-2）计算：

$$\left.\begin{array}{l} i_{max} = \dfrac{W_{max}}{r} \\ x_i = 0 \end{array}\right\} \quad (D.0.1\text{-}2)$$

3）地表曲率最大值 K_{max}（mm/m²）及其位置 x 按式（D.0.1-3）计算：

$$\left.\begin{array}{l} \pm K_{max} = \pm 1.52 \dfrac{W_{max}}{r^2} \\ x_k = \pm 0.4r \end{array}\right\} \quad (D.0.1\text{-}3)$$

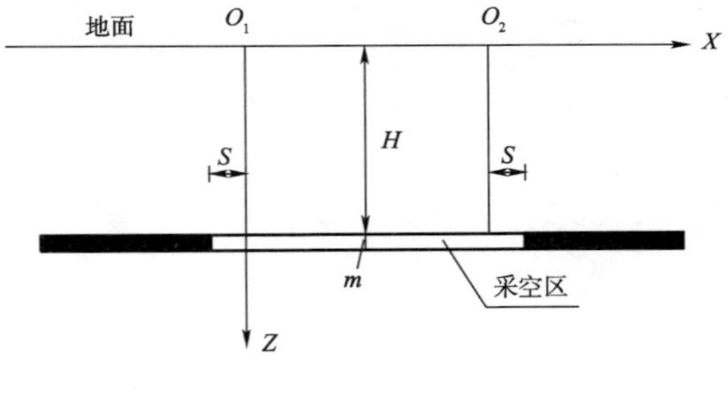

图 D.0.1 水平及缓倾采空区坐标系统

4）地表水平变形最大值 ε_{max}（mm/m）及其位置 x 按式（D.0.1-4）计算：

$$\left.\begin{array}{l} \pm \varepsilon_{max} = \pm 1.52b \dfrac{W_{max}}{r} \\ x_\varepsilon = \pm 0.4r \end{array}\right\} \quad (D.0.1\text{-}4)$$

式中：r——采空区边界地表主要影响范围半径（m），$r = \dfrac{H}{\tan\beta}$；

　　　H——采空区的底板深度（m）；

　　　β——主要开采影响角（°），准确值由矿区实际测量资料确定，近似值可按表 D.0.1-1 中条件相近的实际资料确定；

表 D.0.1-1 各种岩性地表移动一般参数综合表 [α(岩层倾角)<50°]

覆岩性质				移动角			边界角			主要影响角正切 tanβ	拐点偏移距 S/H_0	开采影响传播角 θ (°)
覆岩类型	主要岩性	单轴抗压强度(MPa)	下沉系数 q	水平移动系数 b	δ (°)	γ (°)	β (°)	δ_0 (°)	γ_0 (°)	β_0 (°)			
坚硬岩	大部分以中生代地层硬砂岩,硬灰岩为主,其他为砂质页岩,页岩,辉绿岩	>60	0.27~0.54	0.2~0.3	75~80	75~80	δ-(0.7~0.8)α	60~65	60~65	δ_0-(0.7~0.8)α	1.2~1.91	0.31~0.43	90-(0.7~0.8)α
中硬岩	大部分为中生代地层砂岩,石灰岩,砂质页岩为主,其他为砾岩,致密泥灰岩,铁矿石	60~30	0.55~0.84	0.2~0.3	70~75	70~75	δ-(0.6~0.7)α	55~60	55~60	δ_0-(0.6~0.7)α	1.92~2.40	0.08~0.30	90-(0.6~0.7)α
较软岩~极软岩	大部分为新生代地层砂质页岩,页岩,泥灰岩及黏土,砂质黏土等松散层	<30	0.85~1.0	0.2~0.3	60~70	60~70	δ-(0.3~0.5)α	50~55	50~55	δ_0-(0.3~0.5)α	2.41~3.54	0.0~0.07	90-(0.5~0.6)α

b——水平移动系数,准确值按矿区测量资料确定,近似值可表 D.0.1-1 中条件相近的实际资料确定。

概率积分法半无限采空区地表移动变形计算参数见表 D.0.1-1 ~ 表 D.0.1-4。

2 查表计算半无限采空区地表任意点 x 处的移动变形值用无因次量 $W(x)/W_{max}$、$i(x)/i_{max}$、$K(x)/K_{max}$、x/r 表示的半无限采空区地表移动变形计算系数,按表 D.0.1-5 选取。

表 D.0.1-2　松散层移动角 φ 值

松散层厚度 h(m)	干燥、不含水(°)	含水较强(°)	含流砂层(°)
<40	50	45	30
40~60	55	50	35
>60	60	55	40

表 D.0.1-3　按覆岩性质区分的重复采动下沉活化系数

岩性	一次重采	二次重采	三次重采	四次及四次以上重采
坚硬	0.15	0.20	0.10	0
中硬	0.20	0.10	0.05	0

表 D.0.1-4　按顶板管理方法区分的下沉系数

顶板管理方法	下沉系数 q	顶板管理方法	下沉系数 q
带状填充法(外来材料)	0.55~0.70	水砂充填法	0.06~0.20
干式全部充填法(外来材料)	0.40~0.50	冒落条采(回采率为50%~60%)	0.15~0.30
风力充填法	0.30~0.40	条带水砂充填(回采率为50%~60%)	0.02

表 D.0.1-5　半无限采空区地表移动与变形计算系数

x/r	0	0.1	0.2	0.3	0.4	0.5	0.6	0.7
W/W_{max}	0.500 0	0.401 3	0.308 5	0.226 6	0.158 7	0.108 0	0.066 5	0.040 0
i/i_{max} 或 U/U_{max}	1.000 0	0.970 4	0.883 0	0.755 0	0.604 0	0.456 0	0.323 0	0.214 4
K/K_{max} 或 $\varepsilon/\varepsilon_{max}$	0	0.410	0.730	0.933	1.000	0.940	0.800	0.620
x/r	0.8	0.9	1.0	1.1	1.2	1.3	1.4	1.5
W/W_{max}	0.022 5	0.012 6	0.006 5	0.002 9	0.001 4	0.000 7	0.000 2	0.000 1
i/i_{max} 或 U/U_{max}	0.134 0	0.078 5	0.043 2	0.022 0	0.011 1	0.004 9	0.002 2	0.000 9
K/K_{max} 或 $\varepsilon/\varepsilon_{max}$	0.442	0.292	0.178	0.100	0.055	0.026	0.013	0.005

D.0.2 倾斜矿层($15°\leq\alpha\leq75°$)概率积分法地表移动变形最大值及其位置的计算。

在充分采动条件下,水平矿层采空区的最大沉降量与倾斜矿层采空区的最大沉降量并不相等,应加以修正。

因水平矿层采空区在长度方向(或宽度方向)两个边界上方地表的移动、变形对称相等,故只需计算一个边界上方地面的移动、变形。倾斜矿层采空区下山边界与上山边界上方地表的移动、变形并不对称相等。应分别计算其极值及相应的位置。

1 充分采动条件下,倾斜矿层采空区地表最大下沉值按式(D.0.2-1)计算:

$$W_{\max} = \frac{m}{\cos\alpha}q \qquad (D.0.2\text{-}1)$$

式中:m——倾斜矿层的法线方向厚度(m);

　　　q——下沉系数,准确值由矿区实际测量资料确定,近似值可按表 D.0.1-1、表 D.0.1-4 中条件相近的实际资料确定;

　　　α——矿层倾角(°)。

$m/\cos\alpha$ 是指矿层在铅垂方向的厚度。同样厚度的矿层在倾斜情况下,地表下沉量较大。在以下各项倾斜矿层计算中的 $W_{\max}$ 值均指按式(D.0.2-1)的计算值。

2 倾斜矿层采空区边界地表最大倾斜值及其位置计算。

1)采空区下山边界地表最大倾斜按式(D.0.2-2)计算:

$$\left.\begin{array}{l} i_{1,\max} = \dfrac{W_{\max}}{r_1} \\ x_{i1} = 0 \end{array}\right\} \qquad (D.0.2\text{-}2)$$

2)采空区上山边界地表最大倾斜按式(D.0.2-3)计算:

$$\left.\begin{array}{l} i_{2,\max} = \dfrac{W_{\max}}{r_2} \\ x_{i2} = 0 \end{array}\right\} \qquad (D.0.2\text{-}3)$$

式中:r_1、r_2——下山边界、上山边界地表的主要影响范围半径,$r_1 = \dfrac{H_1}{\tan\beta}$,$r_2 = \dfrac{H_2}{\tan\beta}$;

　　　H_1——下山边界的采深(m);

　　　H_2——上山边界的采深(m)。

坐标系统见图 D.0.2。

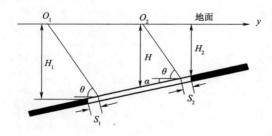

图 D.0.2 倾斜采空区坐标系统

注:图中 S_1、S_2 为倾向主断面上采空区下山边界、上山边界的拐点偏距,可根据实际经验确定,亦可近似取 $S_1 = 0.3r_1$ 及 $S_2 = 0.3r_2$;θ 为开采影响传播角,可按表 D.0.1-1 确定。

3 倾斜采空区地表最大曲率及其位置计算。

1)采空区下山边界地表最大曲率值及其位置按式(D.0.2-4)计算:

$$\left.\begin{array}{l} K_{1,\max} = \pm 1.52 \dfrac{W_{\max}}{r_1^2} \\ x_{k1} = \pm 0.4 r_1 \end{array}\right\} \qquad (D.0.2\text{-}4)$$

2）采空区上山边界地表最大曲率值及其位置按式（D.0.2-5）计算：

$$\left.\begin{array}{l} K_{2,\max} = \pm 1.52 \dfrac{W_{\max}}{r_2^2} \\ x_{k2} = \pm 0.4 r_2 \end{array}\right\} \qquad (\text{D.0.2-5})$$

4 倾斜采空区地表最大水平变形值及其位置计算。

1）采空区下山边界地表最大水平变形值及其位置按式（D.0.2-6）计算：

$$\left.\begin{array}{l} \varepsilon_{1,\max} = \dfrac{W_{\max}}{r_1} \cdot [(1-b)\cot\theta \pm \sqrt{\cot^2\theta + 8\pi}] \\ \qquad\qquad \cdot \exp\left[-\dfrac{\cot\theta}{8}(\cot\theta \mp \sqrt{\cot^2\theta + 8\pi}) - \dfrac{\pi}{2}\right] \\ x_{\varepsilon 1} = \dfrac{-\cot\theta \pm \sqrt{\cot^2\theta + 8\pi}}{4\pi} r_1 \end{array}\right\} \qquad (\text{D.0.2-6})$$

式中：θ——开采影响传播角（最大下沉角）（°），准确值由矿山测量资料确定，近似值可参考表 D.0.1-1 ~ 表 D.0.1-4 中条件相近的实际资料确定。

2）采空区上山边界地表最大水平变形及其位置按式（D.0.2-7）计算：

$$\left.\begin{array}{l} \varepsilon_{2,\max} = -\dfrac{W_{\max}}{r_2} \cdot [(1-b)\cot\theta \pm \sqrt{\cot^2\theta + 8\pi}] \\ \qquad\qquad \cdot \exp\left[-\dfrac{\cot\theta}{8}(\cot\theta \mp \sqrt{\cot^2\theta + 8\pi}) - \dfrac{\pi}{2}\right] \\ x_{\varepsilon 2} = \dfrac{-\cot\theta \pm \sqrt{\cot^2\theta + 8\pi}}{4\pi} r_2 \end{array}\right\} \qquad (\text{D.0.2-7})$$

D.0.3 地表剩余下沉量估算

1 按式（D.0.1-1）及式（D.0.2-1）计算地表最大下沉值 $W_{\max}$。

2 按下列方法确定地表移动延续时间 T。

根据最大下沉点的下沉与时间关系曲线及下沉速度曲线确定地表移动延续时间 T，见图 D.0.3。

1）下沉 10mm 时为移动期开始的时间。

2）连续 6 个月下沉值不超过 30mm 时，可认为地表移动期结束。

3）从地表移动期开始到结束的整个时间称为地表移动的延续时间。

4）在移动过程的延续时间内，地表下沉速度大于 50mm/月（1.7mm/d）（矿层倾角小于 45°），或大于 30mm/月（矿层倾角大于 45°）的时间称为活跃期。从地表移动期开始到活跃期开始的阶段称为初始期。从活跃期结束到移动期结束的阶段称为衰退期。地表移动的上述三个阶段的确定方法见图 D.0.3。

无实测资料时，地表移动的延续时间 T 可根据相关经验公式确定，表 D.0.3-1 列出了国内部分矿区地表移动延续时间的回归关系式。

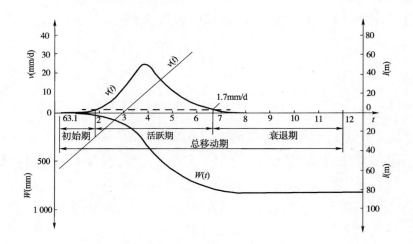

图 D.0.3 地表移动延续时间的确定方法

表 D.0.3-1 国内部分矿区移动延续时间的回归关系式

矿 区	移动延续时间表达式	备 注
本溪矿区	$T = 2.103H_0 + 417$	
抚顺矿区	$T = 2112 - 10.6A/H_0$	
双鸭山矿区	$T = 0.95H_0 + 262$	
鹤岗矿区	$T = D_1(0.562 - 0.00353H_0/\delta_{开采})$	T——总移动延续时间(d);
淮北矿区	$T = 81.5 + 1.11H_0 \pm 74.9$	H_0——平均开采深度(m);
徐州矿区	$T = 2.87H_0 + 8$	A——回采工作面面积(m^2);
东煤矿区	$T = 2.28H_0 + 43$	D_1——工作面斜长(m);
兖州矿区	$T = 0.628H_0/C + 269$	$\delta_{开采}$——开采厚度(m);
煤炭行业规程推荐	$T = 2.5H_0$	C——工作面推进速度(m/d)
山西石炭二叠系煤矿区	$H_0 \leq 300m, T = (2.0 \sim 2.3)H_0$; $300m < H_0 < 500m, T = (1.3 \sim 2.0)H_0$; $H_0 \geq 500m, T = (1.0 \sim 1.3)H_0$	

3 各时段下沉量的估算。

根据山西阳泉、太原西山等石炭二叠系缓倾斜煤层长壁式陷落法开采矿区地表变形观测资料,得到地表移动延续不同时段 t_i 对应的时间长短及其下沉量 W_t 与最大下沉量 W_{max} 的比值关系,见表 D.0.3-2。实际应用中,可结合图 D.0.3 及表 D.0.3-2 估算各时段的地表剩余下沉量。

表 D.0.3-2 地表移动各时段对应的特征量

延续时段 t_i	时间段 t_i/T	下沉率 W_{ti}/W_{max}	下沉速度比 v_{ti}/v_{max}	备 注
t_1	0	(10mm)	0	移动开始(初始期)
t_2	0.03 ~ 0.05	0.01 ~ 0.02	0.01 ~ 0.05	初始期结束,活跃期开始
t_3	0.05 ~ 0.10	0.40 ~ 0.50	1.00	出现最大下沉速度
t_4	0.45 ~ 0.55	0.94 ~ 0.96	0.01 ~ 0.05	活跃期结束,衰退期开始
t_5	1.00	1.00	0.001 ~ 0.005	移动结束(衰退期)

D.0.4 地表最大下沉速率按式(D.0.4)估算：

$$v_{max} = K \frac{CW_{max}}{H_0} \quad (D.0.4)$$

式中：v_{max}——地表最大下沉速率(mm/d)；
　　　K——下沉速率系数，经验值为 1.6~2.0；
　　　C——工作面推进速率(m/d)；
　　　H_0——平均开采深度(m)，即矿层开采顶面的平均埋深。

D.0.5 采用极限平衡分析方法计算维持巷道顶板稳定的临界深度 H_{cr}，可按式(D.0.5-1)和式(D.0.5-2)计算：

当覆岩为松散岩体时：

$$H_{cr} = \frac{B\gamma + \sqrt{B^2\gamma^2 + 4Bp_0\gamma\tan\varphi\tan^2\left(45° - \frac{\varphi}{2}\right)}}{2\gamma\tan\varphi\tan^2\left(45° - \frac{\varphi}{2}\right)} \quad (D.0.5-1)$$

当覆岩为非松散岩体时：

$$H_{cr} = \frac{B\gamma + \sqrt{B^2\gamma^2 + 4Bp_0\gamma\left(\frac{\mu}{1-\mu}\right)\tan\varphi}}{2\gamma\left(\frac{\mu}{1-\mu}\right)\tan\varphi} \quad (D.0.5-2)$$

式中：B——采空区巷道宽度(m)；
　　　p_0——公路路基基底压力，包括行车荷载及路基、路面荷载(kPa)；
　　　γ——上覆岩层加权平均重度(kN/m³)；
　　　φ——上覆岩层加权平均内摩擦角(°)；
　　　μ——上覆岩层加权平均泊松比。

对比采空区的实际埋藏深度及临界深度，按式(D.0.5-3)可求得采空区顶板的稳定系数 F_s，按本细则表 4.2.1-5 评价小窑采空区场地的稳定性。

$$F_s = \frac{H}{H_{cr}} \quad (D.0.5-3)$$

式中：H——巷道顶板的实际深度(m)；
　　　H_{cr}——巷道顶板的临界深度(m)。

附录 E 公路保护矿柱留设

E.0.1 公路下保护矿柱的留设应符合以下要求：

1 横向宽度设计：

1）倾斜岩层时路线与岩层走向平行或斜交时可按式(E.0.1-1)计算：

$$L = D + 2B + (2h\cot\varphi + H_下 \cot\beta' + H_上 \cot\gamma') \quad (E.0.1-1)$$

2）水平岩层或倾斜岩层且路线与岩层走向垂直时时可按式(E.0.1-2)计算：

$$L = D + 2B + 2(h\cot\varphi + H\cot\delta) \quad (E.0.1-2)$$

式中：L——保护带宽度（以路线中线为中心）(m)；

D——公路宽度(m)：路堤应以两侧路堤坡脚外1m为界，路堑应以两侧堑顶边缘为界，桥梁应以承台外边缘为界，分离式隧道应以左右洞外边墙为界（含左右洞之间距离），连拱隧道应以隧道外边墙为界；

B——围护带一侧的宽度，根据公路等级及构造物类型，按本细则表6.3.2-3的规定确定；

h——松散层厚度(m)，隧道按设计标高计；

H——矿层上覆基岩厚度(m)；

φ——松散层移动角(°)，可按附录表D.0.1-2取值；

δ——走向方向矿层上覆基岩移动角(°)，可参照表6.2.2-2取值；

β'——斜交剖面下山方向矿层上覆基岩移动角(°)；

γ'——斜交剖面上山方向矿层上覆基岩移动角(°)。

β'、γ'可按式(E.0.2-1)和式(E.0.2-2)计算。

2 纵向长度设计：

长度计算公式与宽度计算公式相同，只是将公路宽度替换成公路长度，围护带按15m考虑。

E.0.2 公路收费站、管理站等建筑物下保护矿柱的留设应符合以下要求：

1 建筑物受护面积，可选择下列方法确定：

1）在平面图上通过受护对象角点作矩形，使矩形各边分别平行于矿层倾斜方向和走向方向；在矩形四周作围护带，该围护带外边界即为受护边界。

2）在平面图上作各边平行于受护对象总轮廓的多边形（或四边形），在多边形（或四边形）各边外侧作围护带，该围护带外边界即为受护边界。

2 围护带组成的面积，围护带宽度为 15m，面积为建筑物受护面外侧 15m 的环状面积。

3 保护矿柱边界，根据移动角计算的宽度面积，可采用垂直剖面法、垂线法、数字标高投影法等。

1）用垂直剖面法计算与矿层走向斜交的受护对象时，应符合下列原则：

在松散层内采用 φ 角画直线；在基岩内则分别以斜交剖面移动角 β'、γ' 代替 β、γ 画直线。直线与矿层底板的交点即为保护矿柱在矿层该斜交剖面上的上、下边界。

β'、γ' 按式（E.0.2-1）和式（E.0.2-2）计算：

$$\cot\beta' = \sqrt{\cot^2\beta\cos^2\theta + \cot^2\delta\sin^2\theta} \qquad (E.0.2\text{-}1)$$

$$\cot\gamma' = \sqrt{\cot^2\gamma\cos^2\theta + \cot^2\delta\sin^2\theta} \qquad (E.0.2\text{-}2)$$

式中：β、γ 和 δ ——分别为下山、上山和走向方向的岩层移动角（°）；

θ ——围护带边界与矿层倾向线之间所夹的锐角（°）。

2）用垂线法计算与矿层走向斜交的受护对象保护矿柱时，矿柱在矿层上山方向垂线长度 q 和下山方向垂线长度 l 按式（E.0.2-3）和式（E.0.2-4）计算：

$$q = \frac{(H-h)\cot\beta'}{1 + \cot\gamma'\cos\theta\tan\alpha} \qquad (E.0.2\text{-}3)$$

$$l = \frac{(H-h)\cot\gamma'}{1 - \cot\gamma'\cos\theta\tan\alpha} \qquad (E.0.2\text{-}4)$$

式中：α——矿层倾角（°）。

附录 F 采空区注浆处治施工

F.0.1 钻孔开孔质量检验报告，可按表 F.0.1 的规定进行。

表 F.0.1 钻孔开孔质量检验报告单

施工单位：
监理单位：　　　　　　　　　　　　　合同段：

工程名称			区号		钻孔编号	
里程桩号			时间	年 月 日	钻机型号	
项次	检查项目	测量方法	检验内容		检验方法和频率	
1	钻孔实测孔位		设计孔位： $X =$ $Y =$ $H =$ 施工孔位： $X =$ $Y =$ $H =$ 相对误差值：_____			
2	钻机就位		立轴垂直度：_____			

结　论：

质检负责人：　　　　日期：　　　　监理：　　　　日期：

F.0.2 钻孔班报表，可按表 F.0.2 的规定进行。

表 F.0.2 钻 孔 班 报 表

施工单位：_____ 钻孔孔号：_____ 钻机类型：_____ 项目名称：_____ 合同段：_____ 第 页 共 页
监理单位：_____ 地面标高：_____ 米 机高：_____ 米

时间				工作简述	钻探					岩芯描述			钻头		水文观测		孔斜测量		孔内情况简述
月 日	起		止		钻探回次	钻杆长度	机上余尺	本次进尺	累计进尺	长度(m)	采取率(%)	岩土名称	规格	类型	耗水量(m³)	水位(m)	测量孔深(m)	孔斜度(°)	
	时	分	时	分															
1	2	3	4	5	6	7	8	9	10	11	12	13	14	15	16	17	18	19	20	21	22

技术负责人：　　　　　　机长：　　　　　　记录：　　　　　　监理：　　　　　　日期：

F.0.3 钻孔地质柱状图,可按表 F.0.3 的规定编录。

表 F.0.3 钻孔地质柱状图

施工单位：

监理单位：　　　　　项目名称：　　　　　合同段：　　　第 页 共 页

钻孔孔号					孔口坐标		$X=$	$Y=$	$H=$
终孔深度					开孔日期		年 月 日	终孔日期	年 月 日
地层时代	地层名称	层底标高 (m)	层底埋深 (m)	分层层厚 (m)	地质柱状图 1:	岩芯采取率 (%)	孔斜	钻孔结构	岩性及工程地质描述	备注

技术负责人：　　　编制：　　　复核：　　　监理：　　　日期：

F.0.4 钻孔成孔质量检验,可按表F.0.4的规定进行。

表 F.0.4 钻孔成孔质量检验报告单

施工单位:
监理单位:　　　　　　项目名称:　　　　　　合同段:

工程名称		区号		钻孔编号	
里程桩号		施工时间		成孔检验时间	

项次	检验项目	检验结果	检验方法和频率
1	钻孔成孔质量		
2	完成工程量	设计进尺:＿＿＿＿＿＿ m 实际进尺:＿＿＿＿＿＿ m	

结论:

监理		日期		质检负责人		日期	

F.0.5 浇筑孔口管记录，可按表 F.0.5 的规定进行。

表 F.0.5 浇筑孔口管记录表

施工单位：　　　　　　　　　　　施工时间：　　　　　　　　项目名称：　　　　　　　　合同段：
监理单位：　　　　　　　　　　　钻孔孔号：

孔深(m)	孔口管下入层位	孔口管下入深度(m)	浇筑长度(m)	注浆管直径(mm)	注浆管长度(m)	浇筑材料类型	配合比	水泥(kg)	碎石(kg)	砂(kg)	止浆设备名称	质量评述

技术负责人：　　　　　　　　　　记录：　　　　　　　　　　监理：　　　　　　　　　　日期：

F.0.6 注浆浆液配制记录,可按表 F.0.6 的规定进行。

表 F.0.6 注浆浆液配制记录表

施工单位：　　　　　　　　　　　区　号：　　　　　　　　　合同段：　　　　　　　　　　第　页　共　页
监理单位：　　　　　　　　　　　钻孔孔号：　　　　　　　　项目名称：

时间				浆液配比 水:水泥:粉煤灰	单盘(池)浆液用量(kg)				单盘(池)容量(m³)	本配合比制浆盘数		合计盘数	浆液技术指标检测					试样编号
月	日	起	止		水	水泥	粉煤灰	速凝剂		用"正"记	累计		检测时间			结石率(%)	密度(g/cm³)	黏度(S)
		时 分	时 分										日	时	分			

班长：　　　　　　技术负责人：　　　　　　监理：　　　　　　日期：
记录：

F.0.7 钻孔注浆记录,可按表 F.0.7 的规定进行。

表 F.0.7 钻 孔 注 浆 记 录 表

施工单位:
监理单位:　　　　　项目名称:　　　　　　　合同段:　　　第 页 共 页

钻孔孔号			开注日期			孔口坐标	$X =$ $Y =$ $H =$
终孔深度(m)			完工日期				

时 间						累计时间 (h-min)	浆液配合比 水:水泥:粉煤灰	单位 注浆量 (L/min)	注浆量 (m^3)	孔口压力 (MPa)	备注
起			止								
日	时	分	日	时	分						

技术负责人:　　　　记录:　　　　复核:　　　　监理:　　　　日期:

F.0.8 钻孔注浆成果，可按表 F.0.8 的规定进行。

表 F.0.8 钻孔注浆成果表

施工单位：　　　　　　　钻孔孔号：　　　　　　　项目名称：　　　　　　　合同段：
监理单位：

项目	子项	数值	项目	子项	数值	注浆过程中发生的各种现象及其分析
孔口标高(m)			受注层位			
孔深(m)			受注段长度(m)			
终孔孔径(mm)			注浆方法			
钻孔日期			注浆次数			
注浆压力(MPa)	初始		单位注浆量(L/min)	初始		
	结束			结束		
注浆时间(h)	设计		浆液配合比 水:水泥:粉煤灰	设计		
	开始		全孔注浆量(m³)	开始		
	终止			结束		
	纯注		质量评价			
注浆材料总量(t)	水					
	水泥					
	粉煤灰					
	速凝剂					

技术负责人：　　　资料整理：　　　复核：　　　监理：　　　日期：

附录 G 采空区处治监测

G.0.1 水平位移检测基准网的主要技术要求,应符合表 G.0.1 的规定。

表 G.0.1 水平位移监测基准网的主要技术要求

等级	相邻基准点的点位中误差(mm)	平均边长 L (mm)	测角中误差 (")	测边相对中误差	水平角观测测回数	
					1"级仪器	2"级仪器
二等	3.0	≤400	1.0	≤1/200 000	9	—
三等	6.0	≤450	1.8	≤1/100 000	6	9
四等	12.0	≤600	2.5	≤1/80 000	4	6

G.0.2 测距的精度要求,应符合表 G.0.2 的规定。

表 G.0.2 测距的精度要求

等级	仪器精度等级	每边测回数		一测回读数较差 (mm)	单程各测回较差 (mm)	气象数据测定的最小读数		往返较差 (mm)
		往	返			温度 (℃)	气压 (Pa)	
二等	2mm 级仪器	3	3	3	4	0.2	50	≤2(a+b×D)
三等	5mm 级仪器	2	2	5	7			
四等	10mm 级仪器	4	—	8	10			

注:计算测距往返较差的限差时,a、b 分别为相应等级所使用仪器标称的固定误差和比例误差系数,D 为测量斜距(km)。

G.0.3 垂直位移检测基准网的精度要求,应符合表 G.0.3 的规定。

表 G.0.3 垂直位移监测网的精度要求

等级	变形观测点的高程中误差 (mm)	每站高差中误差 (mm)	往返较差、附合左环线闭合差 (mm)	检测已测高差较差 (mm)
二等	0.5	0.15	$0.30\sqrt{n}$	$0.4\sqrt{n}$
三等	1.0	0.30	$0.60\sqrt{n}$	$0.8\sqrt{n}$
四等	2.0	0.70	$1.40\sqrt{n}$	$2.0\sqrt{n}$

注:表中 n 为测站数。

G.0.4 水准观测的精度要求,应符合表 G.0.4 的规定。

表 G.0.4 水准观测的精度要求

等级	水准仪型号	水准尺	视线长度（m）	前后视的距离较差（mm）	前后视的距离较差累计（mm）	视线离地面最低高度（mm）	基本分划、辅助分划读数较差（mm）	基本分划、辅助分划所测高差较差（mm）
二等	DS05	因瓦	30	0.5	1.5	0.5	0.3	0.4
三等	DSI	因瓦	50	2.0	3	0.3	0.5	0.7
四等	DSI	因瓦	75	5.0	8	0.2	1.0	1.5

附录 H 地表移动变形计算表

项目名称：

表 H 地表移动变形计算

观测日期：

观测点号	(1) 初始高程 H_o(m)	(2)本次观察高程 H_i(m)	(3) 下沉值 W(mm)	(4) 下沉差 ΔW(mm)	(5) 初始平距 D_o(m)	(6) 本次平距 D_i(m)	(7) 拉伸(压缩) ΔD(mm)	(8) 水平移动值 U(mm)	(9) 倾斜值 i(mm/m)	(10) 倾斜差 Δi(mm/m)	(11) 曲率值 K(mm/m^2)	(12) 水平变形值 ε(mm/m)

本细则用词说明

对执行细则条文严格程度的用词,采取以下写法:
1　表示很严格,非这样做不可的用词:
正面词采用"必须";反面词采用"严禁"。
2　表示严格,在正常情况下均应这样做的用词:
正面词采用"应";反面词采用"不应"或"不得"。
3　表示容许稍有选择,在条件许可时首先应这样做的用词:
正面词采用"宜"或"可";反面词采用"不宜"。
4　表示有选择,在一定条件下可以做的用词,采用"可"。

附件

《采空区公路设计与施工技术细则》

(JTG/T D31-03—2011)

条文说明

1 总则

1.0.1 我国幅员辽阔,采空区分布较广,山西、新疆、青海、陕西、河北、辽宁、黑龙江、内蒙古、贵州、云南、江苏、山东及河南等省(自治区)均有分布。采空区的变形、沉降、垮塌等灾害给公路工程的建设和运营带来了较为严重的安全隐患。

我国采空区公路建设已经历了十五年的历程,在采空区公路的勘察、设计、施工等方面积累了一定的经验。同时,随着我国高速公路建设由平原向山区发展,公路建设受采空区影响越来越突出,各地区对采空区的勘察、稳定性评价、处治设计、施工及检测等方面的认识因采空区的类型、规模及开采条件的不同,也存在较大的差别,有必要明确采空区公路勘察、设计、处治、施工、监测及检测等技术标准,认真贯彻国家有关防灾减灾的法规,使公路建设面对采空区问题时做到有章可循、有法可依,帮助公路工程技术人员更好地运用有关采空区公路工程建设的行业技术规范,指导和服务于采空区公路建设的全过程,确保采空区公路工程的建设质量和运营安全。

1.0.3 采空区属于隐蔽、复杂、地表变形范围大、容易引发地质灾害的不良地质场地,对地面建筑物和公路的危害性很大。因而,采空区工程建设难度大,处治费用高,公路工程应以绕避为主。在不能绕避的情况下,因路基对变形的要求相对较低,出现问题相对容易处理,应尽量以路基方式通过。

1.0.4 采空区是地质环境与生态环境比较恶劣和脆弱的地区,在采空区修建公路,因地制宜,综合利用矿渣、尾矿等废弃物作为筑路材料和采空区处治的填充材料,是非常必要的,经济效益和社会效益显而易见。同时,也要注意矿渣、尾矿等废弃材料中所含有的有害物质,防止因路基填筑而造成二次污染。

1.0.5 采空区问题是世界性难题,国内外对采空区的工程勘察设计,尤其是处治施工方面的技术、方法、工艺和处治材料等,进行了不同程度的研究,并在工程中推广和应用。近年来,国内高等院校、科研机构、设计和施工单位依托工程建设项目,积极探索和总结采空区公路勘察设计和处治施工中的新技术、新材料、新工艺,获得了大量的科研成果,取得了许多宝贵经验,很多成果在国际上处于领先水平。因此,在采空区公路建设中,应积极采用成熟可靠的新技术、新材料和新工艺,不断提高采空区公路勘察设计水平和处治施工质量。

1.0.8 采空区公路的勘察、设计和施工不但技术复杂,而且涉及的法律法规和行业规范较多,因此,采空区公路的勘察、设计、施工、监测与检测不仅要符合本细则,还应符合公路行业及相关行业的规范和标准。

3 采空区勘察

3.1 一般规定

3.1.6 破坏严重的大型、复杂、多层开采的采空区,是指连续分布大于等于500m、两层及两层以上的采空区,且采空区上为桥梁或隧道工程。

3.2 勘察方法

3.2.1 资料收集是采空区勘察的首选方法。当收集的区域地质资料、矿区开采资料齐全、真实可靠时,可缩短勘察周期、减少勘探工作量、提高勘探效率。

资料收集主要是从地方国土、煤管、矿企等部门和单位收集有关的文件及图纸,资料的有效性应加以分析和验证。

3.2.2 调查与测绘是公路采空区勘察的基本方法和基础工作,包括区域工程地质调绘、采空区专项调查和采空区测绘三部分。调查测绘的精度应根据勘察阶段、工程特点和场地的地形地质条件选定。

1 区域工程地质调绘是运用传统的地质调查方法,结合采空区的分布、规模等特点,对区内的工程地质条件及其相关内容,如地面塌陷、裂缝等进行调查和描述,并按照一定的精度要求,将某些地质要素特征反映在一定比例尺的地形图上。

2 采空区专项调查是采空区勘察主要方法之一,通常与资料收集同时进行、相互补充,包括实地调查和走访调查。针对所收集的资料进行现场核查,对一些资料不全或可信度较差、甚至没有资料的矿区,通过走访(访问当事人和知情人)、地面和井下调查(在条件允许的情况下,应深入井下进行现场调查),对公路沿线矿藏的开采情况、矿井坑口的分布位置、采空区基本要素进行专项调查。

采空区基本要素包括:矿山的性质(国营、集体、私营),开采矿种,开采规模,开采层位(单层或多层),开采的起始和终止时间,开采方式,顶板管理方式,回采率,埋深,采厚,矿层顶、底板岩性,地表变形特征及地下水赋存情况等。

3 采空区测绘:一是对采空区地表移动变形特征的现状如裂缝宽度、深度、长度与延伸方向,以及塌陷规模进行测绘和描述;二是对井下巷道、坑口及采区进行测绘和描述。

3.2.3 地表移动变形观测法主要适用于地表移动变形尚未发生或正在发生过程中的长壁式陷落法采空区,在勘察、设计阶段宜布设变形观测网进行观测。在工期允许的前提下,至少应进行半年以上的观测。对于巷道式和不规则的房柱式采空区,因覆岩和地表移动变形具有潜伏性和突发性,观测时间需加长,以便跟踪和预测采空区的地表变形特征、变化规律和发展趋势,为采空区稳定性评价提供依据。

地表变形观测是对采空区地表移动变形发生、发展过程的跟踪观测,是采空区稳定性评价最可靠的依据。

表3.2.3-1、表3.2.3-2是在参考《公路工程地质勘察规范》(JTJ 064—98)的基础上结合工程经验修改而成。实际应用中,可根据沉降变形情况适当调整,沉降速率快、沉降量大应取小值,反之取大值。

3.2.4 工程物探是在资料收集、采空区专项调查、区域工程地质调绘的基础上,针对资料缺少的小型矿区、老矿区,尤其是开采不规范的采空区,根据其地形条件、地质条件、采空区埋深及分布情况,选择适宜的物探方法,对初步认定的采空区和疑似采空区路段进行物探。对重要工程(桥梁、隧道)部位或多层采空区勘察时,宜采用多种物探方法进行组合勘探。

常用的几种物探方法是根据山西省十余年来高速公路采空区勘察经验,结合其他省区公路采空区勘察调研成果综合而成。使用时应考虑采空区的地形、地质条件及埋深情况。

通常情况下,物探宜采用两种方法组合进行,相互印证,尽量排除其他原因引起的数据异常和多解性,应根据钻孔验证情况及时对解译成果进行修正或进行二次解译。

物探工作可参照以下程序进行:

(1)选择试验路段,对拟采用的物探方法进行现场试验,选择效果较好的方法进行大面积探测工作。

(2)物探资料解译前,应全面了解和分析测区的地形、地质、地球物理特征以及已有的技术成果,作为资料解译的指导和参考。

(3)在分析各项物性参数的基础上,按从已知到未知、从定性到定量的原则进行。当采用两种以上物探方法时,先用典型断面作正演计算。条件具备时物性参数应通过测井确定。

(4)物探结论应明确。各物探方法的解译应相互补充、相互印证,解译结果不一致时,应分析原因,并对推断的前提条件予以说明。

(5)物探最终成果,应根据钻探验证情况进行二次或多次修正,并对修正情况予以说明。

3.2.5 工程钻探是采空区勘察最直接、最可靠的方法。最大优点是可通过岩芯的观察和描述,直观反映岩土的基本特性,并可通过钻进速度、掉钻及漏水情况,反映出采空区的存在及其冒落、变形情况。钻探在初勘阶段为辅助勘察手段,工作量不宜过大,详勘阶段作为主要勘探方法,尤其是桥、隧部位,钻孔应加密。

3.3 勘察阶段

3.3.1 预可行性研究阶段采空区勘察范围较广,工作内容主要为路线走廊带内矿产资源的采掘情况、采空区的分布范围及其要素特征的调查与描述,定性评价采空区对路线方案的影响程度,估算路线压覆资源的种类和长度。

3.3.2 工可勘察阶段针对路线方案及工程造价影响较大的特长隧道、特大桥下伏采空区可适量地布设勘探工作,勘探方法可在资料收集和采空区专项调查的基础上确定。

3.3.3 初勘阶段勘探工作量应根据资料收集情况、地质调绘成果,结合工程类型,通过有效性分析后有针对性地布设,包括物探方法的选择及点、线间距的确定,钻孔的位置、数量和深度等,并根据情况随时进行调整。

1~4 勘察范围根据采用勘察方法的不同有所差别,如地质调绘的范围应大一些,一般在路线两侧各200~500m,目的是为线位优化提供空间;而物探和钻探则应依据采空区的埋深,按计算的采空区处治宽度控制,计算方法详见本细则第6章。

对于大型、正规开采的新采空区或现采空区,应以资料收集和专项调查为主要勘察方法,辅以采空区测绘,当资料收集充分,有效性较好,能充分说明采空区分布、范围、规模、变形的基本特征以及变形的发展趋势和稳定条件时,可不进行勘探工作;而老采空区和非正规开采的采空区,不具备资料收集的条件时,应侧重于采空区专项调查、物探并辅以钻探。

区域工程地质调绘和采空区专项调查是在资料收集的基础上展开工作,也可同步展开。根据资料收集及本阶段调查成果的综合分析,对采空区的分布、规模及其对公路工程的影响程度进行初步评价。

6 地表变形观测需要的时间较长,观测成果需要一定的时间积累,因此,变形观测宜尽早启动,以便于施工图勘察阶段的采空区稳定性评价和处治方案的确定。

7 物探的采用及其方法的选择应在资料收集、地质调绘的基础上,通过有效性分析进行确定;物探方法及其线距、点距应根据地形地貌、地物条件、采空区的开采方式及埋深确定。物探采空区异常可分三种类型:

第一种,异常明显区,该类异常两种物探方法均有明显异常出现;

第二种,异常较明显区,该类异常一种物探方法有明显异常出现,另一种物探方法异常不明显;

第三种,异常不明显区,该类异常两种物探方法均不明显,采空区异常可能为其他地质构造(小断层,小陷落柱)引起。

第二和第三种异常区应重点布设钻孔进行验证。

8 钻探作为本阶段辅助勘察手段，目的是验证所收集资料的可靠性及物探解译的准确性，通过钻探过程中掉钻、塌孔、卡钻、漏浆等现象及岩芯描述，可直观判定"三带"的分布，初步判定采空区塌落情况，为确定剩余空隙（洞）率提供依据，并通过取样、试验提供岩（土）体物理力学性质指标及稳定性评价所需的参数，完善工程地质纵断面图，同时采取地下水及气体样本，在有条件的情况下钻孔应进行孔内波速测试。

本阶段桥位及桥型在施工图设计阶段通常会发生变化，因此初勘阶段钻孔可隔墩布置，控制采空区范围即可，详勘阶段再进行逐墩钻探。

采空区范围内钻探难度较大，因此，应尽量利用打成的钻孔做孔内波速测试。钻孔内有水时，可在孔内做声波测试；孔内无塌孔发生时，可进行孔内电视，直接观测出水点及采空位置。

11 采空区三带确定

采空区三带计算公式及使用条件来源于《建筑物、水体、铁路及主要井巷煤柱留设与压煤开采规程》，一般利用钻孔岩芯破碎程度及钻探过程掉钻等情况综合判定。

3.3.4 详细勘察阶段钻探工作量的布置通常是有针对性的，目的是对各种资料作最后的验证或确认，并应进行孔内电视及孔内声波测试。

本阶段采空区桥梁钻孔布置可根据采空区的埋深做出调整，当采空区埋深小于等于80m时，应做到逐墩台布孔；当采空区埋深大于80m时，对小跨径桥梁可适当减少钻孔数量，以控制采空区范围为原则。

3.4 采空区勘察报告

采空区勘察报告编写前，应对收集的资料、工程地质调绘资料以及物探、钻探、地面观测、井下测量、试验成果等基础资料进行归纳、整理、分析、确认，然后进行综合分析计算和勘察报告的编写。

采空区稳定性评价的主要内容包括：依据采空区地面变形特征资料或地表变形观测资料，结合采空区要素特征，对采空区进行稳定性分析、评价，计算剩余下沉量，评价采空区对公路工程的危害程度和危害形式。

4 采空区稳定性分析与评价

4.1 一般规定

4.1.1 采空区稳定性评价建立在采空区勘察基础上,因此应与采空区勘察阶段相适应。由于采空区类型各异、特点不同,不同勘察阶段所掌握的采空区资料程度也不尽相同,因此采空区稳定性评价应根据其特点和所掌握资料的程度采用定性与定量相结合的方法进行。

不同等级的公路及不同类型的公路工程,适应地基变形的能力各不相同。一般而言公路等级越高对控制场地地基变形的要求也越高,但就工程类型而言,桥梁、隧道工程对控制变形的要求更高,路基及其他附属工程的要求则相对较低。因此,采空区场地地表变形对不同等级公路及不同类型工程的危害程度也各不相同,应考虑公路等级的差别,依据路基、桥梁、隧道及其他附属工程能够容许的地基变形值作为评价的标准。

4.1.2 采空区稳定性与矿层的开采方式、顶板管理方法、开采时限,以及矿层采深、采厚等因素有关,因此在稳定性评价之前,必须通过各种勘察手段尽可能查清这些影响因素,然后针对性地按公路工程具体要求选择评价标准和评价方法。

4.2 采空区稳定性评价标准

4.2.1 公路采空区场地稳定性评价标准是根据采空区地表剩余移动变形值及其对公路工程可能造成的危害程度综合分析的基础上确定的。为了较好地反映采空区场地稳定程度,便于工程应用,将场地稳定性划分为四个等级。稳定场地,地下空洞率极少,采空区地表剩余变形值均小于公路路基工程允许的变形值;基本稳定场地,一般地下空洞率较少,采空区绝大部分区域地表剩余变形值小于公路路基工程允许变形值,只有小部分地段略超过公路路基允许的变形值,超限面积小于采空区全面积的20%;欠稳定场地,地下空洞率较大,采空区多处地段地表剩余变形值超过公路路基允许的变形值,超限面积达到采空区全面积的20%~50%;不稳定场地,地下空洞率大,覆岩采动破坏严重,大多数区域采空区地表剩余变形值超过公路路基允许的变形值,超限面积达到采空区全面积的50%以上。

1 长壁式垮落法开采或经正规设计的条带式采空区的地表移动变形与矿区停采时

间有很强的相关性,不同类型采空区地表移动变形的延续时间是不同的,一般停采时间越长地表移动变形越趋于稳定,因此采空区的停采时间可作为评价采空区场地稳定性的一个重要指标。综合考虑不同等级公路及相关构造物对采空区地表变形的允许值,结合采空区停采时间确定稳定性评价标准。

采空区停采时间判断标准是基于大量的实测数据,根据覆岩性质及地表移动的延续时间 T 确定。大量地表变形观测资料分析表明:长壁垮落法开采条件下,地表移动延续时间主要取决于覆岩性质和开采深厚比。地表移动延续期可分为初始期、活跃期和衰退期三个阶段。一般初始期时间很短,只有 3~10d,约占总延续期的 1%~2%;活跃期也称危险变形期,是地表沉陷破坏集中期,约占总延续期的 30%~40%;衰退期时间较长,约占总延续期的 50%~70%。

多年来采空区地表沉陷研究表明,采动引起的地表移动变形主要发生在初始期和活跃期,占变形总量的 95%~98%,而衰退期地表移动变形量很小,约占总变形量的 2%~5%。我国矿区大量地表变形观测资料表明,当地表的年下沉量小于 60mm 时,地表沉降已趋于稳定,地表剩余沉降量很小,一般能满足公路工程设计的要求。因此,可通过采空区地表沉降观测,以地表下沉速率来评价场地的稳定性。

2 不规则柱式采空区包括不规则开采的巷柱式及房柱式采空区等类型,这类采空区一般难以进行地表沉陷变形计算,由于其稳定性与采空区矿层的开采条件、开采深厚比、覆岩性质及停采时间等因素密切相关,采空区地表变形常表现为突发性及非连续性,实际工程中这类采空区的开采条件、开采时限、空间分布等是很难查清楚的,故常采用采深采厚比单一指标作为这类采空区稳定评价的标准。多年来的工程实践表明,根据采深采厚比来初步评判这类采空区稳定性是行之有效的。

3 以小窑为代表的单一巷道式采空区在我国南方地区(如云南、贵州、广西等地)比较普遍,北方地区也有分布,这类采空区的开采深度及巷道空间尺寸一般不大,其场地稳定性评价主要是评价巷道顶板的稳定性问题。对于近水平的单一巷道式采空区,当顶板岩层节理发育或被裂隙贯通时,可采用极限平衡分析方法计算出巷道顶板临界深度 H_{cr} 和顶板稳定系数 F_s。考虑到小窑采空区地质条件复杂性及变形失稳的特点,结合多年实践经验,并参考《工程地质手册》(第 4 版)相关规定,确定巷道式小窑采空区稳定性评价标准。

4.2.2 不同等级的公路与不同类型的公路工程对地基的稳定性要求是不同的。当公路采空区地表剩余变形量小于或等于公路工程的容许变形值时,对公路工程不构成影响。

(1)关于采空区公路工程地表倾斜、地表水平移动以及地表曲率容许值的确定,根据国内外有关资料,对于高速公路和桥梁工程,一般地表变形限制在 I~II 级变形破坏以内,即允许的倾斜 $i \leqslant 3.0 \sim 6.0$ mm/m,水平变形 $\varepsilon \leqslant 2.0 \sim 4.0$ mm/m,曲率 $K \leqslant 0.2 \sim 0.4$ mm/m²;对于一般公路则限制在 III 级变形破坏以内,即允许的倾斜 $i \leqslant 10.0$ mm/m,水平变形 $\varepsilon \leqslant 6.0$ mm/m,曲率 $K \leqslant 0.6$ mm/m²。地表变形值在上述允许范围内时,公路路基可以不作处理,超出此范围,应加固路基或采取抗变形结构来保护公路。

我国现行《岩土工程勘察规范》(GB 50021)规定采空区场地建筑适宜性的标准为:地表倾斜 $i \leq 10.0$ mm/m,地表水平变形 $\varepsilon \leq 6.0$ mm/m,地表曲率 $K \leq 0.6$ mm/m²;现行《建筑物、水体、铁路及主要井巷煤柱留设与压煤开采规程》规定建筑物轻微及极轻微损坏的地表允许变形值为:地表倾斜 $i \leq 3.0$ mm/m,地表水平变形 $\varepsilon \leq 2.0$ mm/m,地表曲率 $K \leq 0.2$ mm/m²。本条在确定采空区公路工程地基容许变形值时参照了上述规范和规程,取其小值。

(2)现行《公路路基设计规范》(JTG D30)规定,公路路基工后沉降控制标准见表4-1。

表4-1 公路路基容许工后沉降值(单位:cm)

公路等级	工程位置		
	桥台与路堤相邻处	涵洞、通道处	一般路段
高速公路、一级公路	≤10	≤20	≤30
二级公路	≤20	≤30	≤50

现行《公路桥涵地基与基础设计规范》(JTG D63)规定,静定体系的桥梁(简支桥梁)的墩台沉降和位移不宜超过如下值:

墩台均匀总沉降值:$2.0\sqrt{L}$ (cm);

相邻墩台均匀总沉降差值:$1.0\sqrt{L}$ (cm);

墩台顶面水平位移值:$0.5\sqrt{L}$ (cm)。

其中:L 为相邻桥跨中较短跨的跨度(m)。当 $L < 25$ m 时,按25m计算。

对于超静定体系的桥梁墩台间允许的不均匀沉降或位移,需由上部结构计算确定。

本细则规定的采空区公路工程地基容许沉降量与上述规范大体一致。

(3)对变形有严格要求的复杂桥梁如连续刚构桥,复杂隧道结构如连拱隧道等特殊结构,不宜通过采空区。

此外,为便于参考,将一些国家规定的采空区建筑物地表允许变形值列于表4-2。

表4-2 一些国家规定的建(构)筑物地基允许变形值

国家或地区	水平变形		垂直变形	
	拉伸(+ε) (mm/m)	压缩(-ε) (mm/m)	倾斜 i (mm/m)	曲率 K (mm/m²)
波兰	1.5	1.5	2.5	0.05
原苏联顿巴斯	2.0	2.0	4.0	0.05
原苏联卡拉甘达	4.0	4.0	6.0	0.33
美国	0.4	0.8	3.3	—
德国	0.6	0.6	1.0~2.0	—
法国(管线)	0.5	1.0~2.0	—	—

续上表

国家或地区		水平变形		垂直变形	
		拉伸($+\varepsilon$)(mm/m)	压缩($-\varepsilon$)(mm/m)	倾斜i(mm/m)	曲率K(mm/m^2)
日本		建筑物水平长度变化小于30~60mm			
英国		0.5	0.5	—	—
原苏联		8.0~10.0（地上管线）1.0~4.0（地下管线）		—	0.05
中国	本溪矿区	2.0		4.0	0.5
	合山矿区	1.0		2.0	0.15

4.3 采空区稳定性评价方法

4.3.1 本条5种评价方法适用于不同的勘察阶段和开采条件，在应用中，应根据采空区勘察的实际情况，选择适宜的评价方法，才能获得切合实际的评价结果。

4.3.2 采空区的稳定性与地形地质条件、矿床赋存条件、覆岩性质、开采时限、采矿方法及顶板管理方式等因素有关，并共同构成开采条件。开采条件判别法是综合考虑上述因素，进行采空区稳定性评价的一种定性评价方法。通过现场勘察，在充分掌握采空区开采条件相关资料的基础上，可按表4-3对采空区稳定性做出初步评判。

表4-3 采空区稳定性初步评价主要判据

评价因子	影响程度		
	轻度	中度	重度
地形地貌	平地，地面坡度小于5°	丘陵，地面坡度5°~15°	山区，地面坡度大于15°
地质构造	无断层、褶皱，节理、裂隙不发育	有断层、褶皱，节理、裂隙发育	断层、褶皱发育，节理、裂隙极发育
地表松散层	质地密实，不含水或含水性极小，厚度>30m	质地一般，含水性中等，厚度10~30m	质地松软，含水丰富，厚度<30m
覆岩特征	厚度大，完整性好，强度高	厚度中等，完整性较好，强度较高	厚度小，完整性差，强度低
矿层倾角	水平或缓倾斜（<15°）	倾斜（15°~75°）	急倾斜（>75°）
采区回采率	<30%	30%~60%	>60%
采空区埋深	深（>300m）	较深（100~300m）	浅（<100m）
开采厚度	小（<2m）	中（2~3m）	大（>3m）

续上表

评价因子	影响程度		
	轻度	中度	重度
开采深厚比	大(>100)	中(60~100)	小(<60)
开采层数	单层	多层	多层
顶板管理方法	充填式	柱式	垮落式
停采时间	>3年	2~3年	<2年
采动效应	地表无明显变形迹象、无积水	有地表裂缝及塌陷坑等、季节性积水	地表裂缝、塌陷坑等强烈发育、常年积水
场地稳定性	稳定或趋于稳定	基本稳定—欠稳定	目前不稳定,将趋于稳定

在有工程经验的地区,也可按工程类比法进行场地稳定性评价。

4.3.3 地表移动变形预计法是根据地质采矿条件,选用适宜的预计方法,计算出采空区上方地表可能产生的移动变形值,通过比较公路工程允许的地表变形值,进而评价采空区场地稳定性和地基稳定性的一种定量评价方法。地表变形预计法有典型曲线法、剖面函数法、负指数函数法及概率积分法等,其中概率积分法应用较为广泛。

概率积分法预计采空区地表变形的准确性和精度,很大程度上取决于计算参数的合理选取。概率积分法之所以在我国得以普遍推广应用,除其方法的理论依据清晰,适应性强外,最主要还是因为各大矿区(特别是煤矿)通过现场观测和分析积累了相应参数。因此在采用概率积分法预计采空区地表变形时,计算参数的选取应充分借鉴地区经验,并经实测资料的充分验证。本细则附录表 D.0.1-1~表 D.0.1-4 中给出了按我国煤矿区覆岩分类的概率积分法计算参数,这些参数大多是针对长壁垮落法开采条件下求取的,可直接用于准采区的地表移动变形预计。新采区和老采区的地表移动变形预计,则应通过下沉系数的折减,求取剩余移动变形值。

根据矿层赋存地质条件及开采状况的不同,概率积分法计算地表移动与变形有 7 种模式:①全盆地的移动与变形计算模式;②半无限开采缓倾斜矿层($\alpha < 15°$)地表下沉盆地主断面的移动与变形计算模式;③缓倾斜矿层($\alpha < 15°$)非充分开采时矩形工作面下沉盆地的移动与变形计算模式;④开采倾斜矿层($15° \leq \alpha < 75°$)和急倾斜矿层($75° < \alpha$)地表下沉盆地的移动与变形计算模式;⑤开采急倾斜矿层($\alpha > 75°$)地表下沉盆地的移动与变形计算模式;⑥用查表法计算半无限开采的地表移动和变形值;⑦山区地表移动与变形计算模式。本细则附录 D 列出了实际应用最为常见的计算模式,实际应用中也可根据具体情况参照现行的《建筑物、水体、铁路及主要井巷煤柱留设与压煤开采规程》选用正确的计算模式。

4.3.4 地表移动变形观测法是通过观测得到的地表下沉速率,评价采空区场地稳定性的方法。通常与概率积分法配合使用,通过概率积分法预计采空区场地可能的最大移动变形值,然后依据地表变形观测成果推算场地的剩余变形值,并掌握地表变形规律,以此对采空区场地稳定性作出评判。

地表变形观测法因工作周期较长,实际应用中存在一定的困难,但对于地表沉陷相对规律的长壁垮落法新采和现采的采空区而言,该方法是一种有效的评价方法,当条件允许时,应尽量采用。该法的采用宜贯穿于公路采空区勘察、设计、施工及后期运营的全过程,直到沉降稳定为止。

4.3.5 极限平衡分析法是一种根据刚体极限平衡理论评价采空区场地稳定性的方法。对于开采面积小,且近水平的单一巷道式小窑采空区,当顶板岩层节理发育或被裂隙贯通时,上覆岩层可形成冒落拱,采用极限平衡分析方法可计算出维持巷道顶板稳定的临界深度 H_{cr}。

此外,对上述巷道式小窑采空区,在工可阶段也可根据洞穴顶板塌陷法估算巷道顶板临界安全厚度,粗略地评价场地稳定性。当巷道式小窑采空区的顶板为相对坚硬、完整、风化程度轻微的厚层砂岩或石灰岩时,可将其视为横跨巷道两端的固端梁,验算其两固定端的拉应力强度条件及其两端的剪应力强度条件,并据此评判此类采空区的稳定性。

4.3.6 数值模拟方法应用于采空区稳定性评价的计算精度及可靠程度,取决于地质力学模型的合理性、计算参数的准确性等诸多因素,包括计算模型范围的确定、边界条件及初始条件的设置、计算工况的设计以及采动岩体物理力学参数的取值等。由于目前工程应用经验不足,因此在采空区覆岩破坏、地表沉陷预计及稳定性评价时,数值模拟法通常作为一种比较和参考方法来使用。

运用有限单元法进行采空区场地稳定评价,可采用 ABAQUS、MIDAS 软件;运用有限差分法时,可采用 $FLAC^{2D}$、$FLAC^{3D}$ 软件。

通常情况下采空区采动破损覆岩的力学参数难以确定,可将试验室测得的岩石力学指标按表4-4进行折减取值。

表4-4 有限元分析采空区稳定性采动岩体参数取值建议

参数	位置			
	未采动和采动弯曲带	冒落带	裂隙带	风化带
弹性模量 E	1/3~1/5	1/20~1/30	1/20~1/10	1/6
黏聚力 c	1/3~1/5	1/20~1/30	1/20~1/10	1/6
屈服函数参数 k	1/3~1/5	1/20~1/30	1/20~1/10	1/6
抗拉强度 R_t	1/3~1/5	0	1/20~1/10	1/6
泊松比 μ	同岩样参数	1~2	1~2	同岩样参数

进行采空区场地稳定性数值模拟时,应根据勘察资料合理地建立地质模型和设计计算工况,数值模拟通常可分3个步骤进行:第一步计算矿层开采前的原始应力及位移;第二步计算矿层开采后的应力及位移;第三步计算外荷载作用下的应力及位移;最后以地下空洞围岩中是否出现明显塑性变形区为评判标准,或根据地表移动变形计算值,按本细则

条文表 4.2.1-2 的规定对场地稳定性进行评判。

4.4 各勘察阶段采空区稳定性评价要求

4.4.1 可研勘察阶段主要以收集资料和采空区专项调查为主,掌握的资料有限,因此宜采用开采条件判别法对采空区稳定性进行评价。有工程经验的地区,可采用类比法初步评判场地的稳定性。

4.4.2 初勘阶段由于采空区的类型不同,其勘察内容和评价方法是不同的。对新、老采空区应在已查明采空区的分布范围、埋深、采厚、开采方式等要素基础上,计算地表剩余变形值,评价上覆岩层稳定性;对准采空区应按一般预计方法预测地表移动的规律,计算地表移动变形值,然后按评价标准评判其作为公路建设场地的适宜性和对公路工程的危害程度。

长壁式垮落法开采形成的采空区在停采一定时间后,其地表移动变形过程即可逐渐趋于终止。而房柱式、巷柱式(含小窑)采空区变形过程则非常复杂,地表移动变形通常持续相当长时间且难以预测。

大量观测资料分析表明:在中硬覆岩全部垮落法开采条件下,采深小于100m的采空区,地表最大下沉点总移动期约为 0.3~0.5 年;采深 100~200m 时,总下沉期限约为 0.5~1.0 年;采深 200~300m 时,总下沉期限约为 1.0~1.2 年;采深 300~400m 时,总下沉期限约为 1.2~1.5 年;采深 400~500m 时,总下沉期限约为 1.5~2.0 年。

房柱式、巷柱式(含小窑)采空区变形破坏形式主要表现为地表裂缝、塌陷等,通常存在地表裂缝或已发生塌陷的区域属不稳定地段,公路应避开这类区域,并保持一定的安全距离。安全距离系指公路工程不受裂隙、塌陷影响的最小距离。《岩土工程勘察规范》(GB 50021—2001)建议大于 5~15m,《公路工程地质勘察规范》(JTJ 064—98)建议大于 15m,本细则推荐最小安全距离为 15m。

4.4.3 详细勘察阶段已查明采空区的分布、规模、覆岩特性以及采空区的其他基本要素特征,且本阶段已基本确定公路路线方案及公路工程的结构类型,因此场地稳定性评价应以定量为主。

实际工程中,有时会遇到公路下伏多层采空区或桥隧下伏采空区的情况,如山西境内的国道主干线青(岛)银(川)高速公路离石—军渡段在穿越青龙、同德、师婆沟及康家沟等煤矿时,曾遇到两桥四隧下伏采空区的复杂工况,这类工程不确定性因素多,风险较大,应对采空区场地稳定性问题开展专题研究。

5 采空区公路设计

5.1 一般规定

5.1.1 路线走廊带内的矿产资源及其采空区的分布是影响采空区公路设计的关键性因素。要做到不压矿或少压矿,同时又能合理地避让采空区,首先应充分获取和掌握矿产资源及其采空区的分布,包括老采区、新采区、准采区、规划采区、开采规模、开采方式、回采率、保留和预留矿柱等相关资料。矿区道路、管线、房屋建筑、已建、在建和拟建工程也是影响采空区公路设计的重要因素,公路设计应从总体布局的角度,协调与矿区道路、管线、房屋等基础设施之间的关系,一是为了合理衔接与交叉,二是避免重复建设和不必要的动迁等。

5.1.2 采空区是隐蔽的不良地质体,属于地质复杂的建设场地。公路路基、桥梁、隧道以及附属工程必须通过专项勘察,获得采空区的埋藏条件、分布范围等要素特征及地表移动变形资料,才能正确地进行路线设计、路基设计和构(建)筑物设计,合理确定路线方案与工程方案。通过采空区稳定性评价,合理制订采空区处治方案。设计时不但要考虑工程自身的稳定性,还应考虑工程建设改变原有的地形、地质环境后,可能引发或加剧的地质灾害对工程及环境的破坏和影响。

5.1.3 避让采空区存在的明显不利因素主要指下列情况:
(1)避让方案存在压覆资源过多的问题;
(2)避让方案较通过方案可能增加过长的路线里程;
(3)避让方案线形指标难以满足技术要求;
(4)避让方案存在其他类型的地质灾害隐患;
(5)避让方案较通过方案压占耕地过多或拆迁量过大等。
遇到上述情况时,应对避让和通过两种方案进行同等深度的比较。

5.1.4 桥隧下伏采空区的处治,不仅仅是增加建设难度和工程费用,更重要的是一旦出现缺陷,难以修复,相对高路堤和深路堑而言风险较大,当桥梁和隧道无法避开采空区时,应与高路堤或深路堑方案进行比较,择优确定。

5.1.5 采空区注浆施工时间较长,仅浆液在地下封闭或半封闭的环境中凝固成结石体,通常需要6个月的时间,所以主体工程的施工必须在处治施工完成后,处治效果经检测合格后方可进行,否则达不到处治效果。

5.1.6 互通立体交叉和服务区占地面积较大，各类建(构)筑物布局较复杂，弯道较多，设在采空区时处治工程量较大，应尽量避开。当采空区对互通连接线有影响时，互通位置应兼顾连接线进行比较，选择合适的互通位置。

5.1.7 采空区是否需要处治，应以采空区稳定性评价为依据，以公路工程地基容许变形值为标准。采空区场地的稳定性等级应按本细则第4.2节确定。

5.2 路线设计

5.2.1 采空区不同于其他不良地质，有其自身的特殊性和复杂性。第一，公路是建在采矿地区或矿产资源比较丰富的地区，涉及国家关于矿产资源与环境保护的政策和相关各方的利益；第二，采空区的开采历史、开采现状、开采规划、开采条件和开采方式对公路工程的安全、稳定、建设难度、投资规模等具有重要影响，起着控制作用；第三，采空区地形、地质条件一般比较复杂，地上和地下变形破坏具有不均匀性和复杂性，工程活动处理不当，容易加剧或引发地质灾害。

因此，采空区路线设计应结合矿区工程地质和水文地质条件、地质灾害、采空区分布范围、筑路材料、生态环境、保护矿柱、自然与人文景观等条件，对路线方案进行深入研究和比较，确定合理的线位和通过采空区的方式。

保护矿柱是采空区相对稳定的地段，公路设计时应充分利用。公路压覆矿产时，考虑未来开采的影响，按行业相关规定设计预留保护矿柱，保障工程的安全和稳定。

5.2.2 采空区公路设计应贯彻安全选线、环保选线、地质选线、地形选线的理念，通过系统的分析研究，对各路线方案进行比较，选择合理的路线方案及线形指标。

遥感技术、航空摄影、INSAR（合成孔径雷达干涉）技术、GPS等现代探测、测量技术可以提高采空区调查测绘及勘探的精度和效率，弥补传统调绘和勘探的不足，采空区公路勘察设计应充分应用。

地表移动盆地中部的平底部位，是采空区塌陷较为强烈、变形较为充分、地表剩余移动变形量相对较小的地带，采空区的处治相对容易和简单。

公路弯道、竖曲线的拐点以及纵坡较大的地方，线形指标较低，是行车安全性差的地方，对路基稳定性要求较高。当弯道或竖曲线的拐点处在采空区地表下沉量大、变形复杂的部位时，极易成为病害路段，威胁行车安全。

5.3 路基、路面设计

5.3.1 采空区地表变形条件复杂，地基承载力低，边坡稳定性差，易引发崩塌、滑坡等，通常需要进行处治加固。设计时应选择安全和稳定性相对较好，处治工程量相对较小的路基方案，如设计为一般路基、分离式路基等。采动充分和接近充分的地表移动盆地中部平底部位，采空区处治难度及处治工程量相对较小，可设计高路堤；采空区边缘及其过渡地带，不宜设计高路堤、深路堑。路面设计需要根据交通量大小、公路等级、采空区地表剩余移动变形条件，确定路面结构和路面材料。

5.3.2 将路、桥结合处设在采空区下沉量较大的部位不符合公路工程整体变形协调要求，易产生过大的不均匀沉降，产生路基病害，出现桥头跳车，影响行车安全性和舒适性。

5.3.3 采空区的稳定性，主要取决于采空区的规模及其顶板和覆岩的稳定性。位于采空区上方的挖方路基和填方路基，应按最不利工况进行稳定性验算。路基设计需要根据采空区变形速率、覆岩结构等变形稳定条件，按本细则附录 D 计算采空区地表剩余移动变形量。路基经稳定性验算达不到设计要求时，应进行采空区处治设计。挖方路基遇到下伏采空区时，随着挖方加深，覆岩厚度变薄，路基及边坡的稳定性会急剧下降，场地的整体稳定性会遭受严重破坏，甚至会引发大规模崩塌、滑坡等地质灾害，这种情况下应通过减少挖方深度，降低采空区的不良影响。填方路基的沉降不单是荷载附加应力引起的沉降量，还有采空区地表变形产生的剩余下沉量，应将两者叠加后进行沉降稳定性验算；采空区变形在路基横断面方向变化较大时，还应进行路基倾斜稳定性验算。

5.3.5 利用废弃矿渣作路基填料，符合公路建设因地制宜、就地取材的原则，也可在一定程度上缓解采矿弃渣造成的环境压力，有利于保护当地环境。粉煤灰和煤矸石是应用比较广泛的注浆处治材料和筑路材料，当利用其他类型的矿渣作路基填料时，应对这种材料做路用试验，如经试验不能直接作为路基填料时，可参配其他材料进行改良，以满足路基用料要求。

5.3.6 回采率是表示矿产开采充分程度的一项重要指标，可间接反映地下采空区的稳定性状况。回采率高，表明矿层得到了比较充分的采动，反之采动则不充分。回采率高的采空区，地表移动变形充分，且变形速率较快，在地表变形趋于稳定的情况下，可不对采空区注浆处治，可采取铺设土工布等措施加固路基；对于回采率低的采空区，情况则较为复杂，应视具体情况，具体对待。

5.4 桥梁设计

5.4.1 采空区桥梁，一般均应对采空区作相应的处治。对稳定的采空区场地，可采用强夯法对墩台地基作进一步的夯实处理；对基本稳定或欠稳定的采空区场地，可根据采空区埋深、地基持力层岩土性质以及地下水条件等，对墩台地基选择回填法、强夯法或注浆法进行处治；对处于山区的欠稳定和不稳定的采空区场地，不仅对地基进行处治，还应对采动引起的不稳定斜坡进行整治与加固。

5.4.2 采空区地表残余变形具有长期性和复杂性,即便对采空区做了处治,也需要一定的安全储备,简支梁结构对变形的适应能力相对较强,故采空区桥梁宜按简支梁结构设计。

5.4.3 不稳定采空区的桥梁方案要求与填方路基方案进行同深度比较,是因为不稳定的采空区处治工程量大、不确定因素多以及桥梁的抗风险差等因素,因此必须在充分研究的基础上选择工程设计方案。

5.4.4 范围较小、不易处理的采空区主要有:
(1)埋深大于30m,坑洞复杂的小窑采空区;
(2)注浆处治难以达到预期效果的多层、充水采空区;
(3)年代久远,处治条件困难的老采空区;
(4)地形地物条件限制,不能采用路基通过的采空区;
(5)古墓穴、大型地窖、大型窑洞、地下工程等非矿产采空区;
(6)特殊开采的采空区(如水下采空区)。

5.4.6 采用桩基穿越埋深较浅的采空区,应进行注浆处治或浆砌处治,一是为防止桩基混凝土漏失,二是可以提高持力层地基承载力。埋藏较深或多层采空区,覆岩三带往往发育厚度大,不适合采用嵌岩桩,应按摩擦桩设计。

5.4.7 人工挖孔桩或浆砌片石砌筑后成桩不需要动用大型设备,而且便于查明空洞的规模和形状,有利于满足处治质量要求。但当地下赋存有毒有害气体时,严禁采用挖孔桩。

5.4.8 采空区桩基施工与岩溶区桩基施工相似,施工方法借鉴岩溶区桩基施工的经验,一般采用钢护筒辅助成桩。对岩体破碎、地下水比较丰富的采空区,桩基施工容易出现井底大量漏浆现象,此时可先用注浆封堵岩体空隙,待封堵体固结后,再采用旋转冲挖成桩。

5.4.9 采空区埋深大于100m,回采率低于35%,覆岩强度高,且属于采空区稳定场地,不存在新采或复采时,采用端承桩、明挖基础或扩大基础是可行的,但仍应遵循减轻自重、提高抗变形能力的原则,按小跨径、简支梁、轻型结构进行设计。

5.5 隧道设计

5.5.1~5.5.2 采空区隧道设计应重点考虑隧址及隧道影响范围内采空区的分布、规模、三带分布特征、地表移动变形特征及地下水富水性等因素,在明确区域地质、矿产地质、水文地质、开采范围、开采方式、顶板管理办法、有毒有害气体的赋存和含量的基础上,才能合理确定隧址方案、隧道设计方案和采空区处治方案。

5.5.4 采空区隧道围岩因受采矿影响已经或正在经历变形松动，岩体原有质量和结构已发生或正在发生改变。开挖隧道将使围岩产生二次松弛变形，加剧围岩破坏。两相邻隧道之间，随着隧道间距的缩短，围岩松弛变形发生叠加，变形破坏更加剧烈和复杂。小间距隧道或连拱隧道的共用围岩部位应力集中，围岩厚度薄，即使采空区已经处治，围岩自稳能力难以修复，所以不宜采用小间距隧道或连拱隧道通过采空区。

5.5.6 当隧道位于采空区下方，且距离采空区底板大于3倍隧道洞径时，采空区对隧道围岩的变形影响较小，但是否对围岩进行注浆加固设计，应通过详细勘察分析论证后确定；当隧道顶板距采空区底板小于3倍隧道洞径时，围岩松弛变形较严重，容易产生冒顶破坏，应对隧道至采空区间的围岩实施注浆加固；隧道拱部距采空区底板小于1倍隧道洞径时，极易产生冒顶破坏，除了对围岩实施注浆加固外，还应对采空区进行注浆处治。

5.5.7 隧道位于采空区上方时，采空区对隧道围岩的稳定性影响很大，支护衬砌容易发生变形破坏，必须对采空区进行处治。对围岩采取何种加固措施，应视隧道位置与采空区覆岩三带的关系而定，因为覆岩三带中各分带的变形破坏特征不同，产生的围岩压力和变形影响也不一样。弯曲带影响最小，冒落带影响最大，裂隙带介于两者之间。

5.5.8 埋深小于40m的浅埋隧道易引发地表塌陷，引发山体滑坡，整治工程量很大。有些情况下，采用明洞方案、明挖暗埋或路堑方案，可能更合理些。例如，当采空区位于隧道下方时，可与路堑方案进行比较；当采空区位于隧道上方时，可与明洞进行比较。

5.5.11 有些类似岩溶大厅的非煤矿采空区，顶板稳定性尚好，空间很大，隧道与之相遇时，可以按明洞设计和施工，但应对采空区顶板的稳定性进行分析评价，对欠稳定的采空区顶板，应进行锚固。

5.5.12 膨胀岩和盐岩既是矿产资源，又是特殊性岩土，若隧道遇到此类矿种采空区，情况比较复杂，涉及采空区及围岩的稳定性评价、围岩级别的确定、围岩变形压力的计算、初期支护参数的确定、二次衬砌的结构设计、混凝土材料的性能及采空区注浆处治条件等诸多疑难问题。目前公路工程在这些地区兴建隧道的经验不多，资料很少，所以强调在这类采空区兴建隧道时，应注重动态设计和信息化施工，注重积累工程实践经验，宜做一些专题研究。

5.5.13 隧道顶、底板上下出现多层采空区或采空区内存在有害、有毒气体和大量的地下水时，处治条件极为复杂，宜进行专题研究，探索有效的采空区处治和围岩加固措施，确定合理的设计、施工方案。

6 采空区处治设计

6.1 一般规定

6.1.1 公路采空区处治设计是在对采空区勘察和评价的基础上进行的，应与公路工程设计阶段相一致。公路工程基本建设程序一般分为预可、工可、初步设计和施工图设计四个阶段。预、工可阶段主要任务是根据采空区专项调查与资料收集，从避让采空区的角度提出路线通过的适宜地带，为合理确定路线走廊带及方案提供依据，并对各路线方案采空区治理的可行性进行论证；初步设计阶段应结合路线方案设计，根据采空区稳定性定性和定量评价结论，对需要处治的采空区提出处治方案并进行处治设计；施工图设计阶段应结合路线设计和工程设计，根据采空区稳定性定量评价结果，对需要处治的采空区进行设计，包括具体的处治方法、施工工艺、工程量及处治费用。

6.1.2 公路附属工程包括收费站、服务区、运输管理站及养护工区等。

6.1.4 采空区公路是否需要处治主要取决于采空区场地的稳定性评价结论以及压覆采空区的公路等级和工程类型。稳定场地，由于其地表剩余变形量均小于公路规定的允许地基变形值，满足公路工程的设计要求，采空区不必进行处治；基本稳定场地，局部地段地表变形量接近或略大于公路工程允许地基变形值，考虑到采空区工程地质条件的复杂性和一些无法确定的因素，桥梁和隧道工程应进行处治，高速公路、一级公路路基以及砖混结构建筑物，处治与否应进行充分论证，二级及以下公路路基可不进行处治。

6.2 注浆法

6.2.1 注浆法系指用人工的方法向采空区的冒落带和裂隙带注入具有充填、胶结性能的浆液材料，以便充填其裂隙和空洞，增加其强度的注浆施工方法。

对于埋深较大的矿层，且开采后发生了较严重的垮落，采空区充填程度较高，下部空间相对狭小的地段，难于采用开挖回填、强夯、干砌支撑和浆砌支撑等方法处治采空区时，一般宜采用注浆法。该法主要用于治理公路路基部位的采空塌陷区。对于桥梁、隧道工程，如无法完全避让，则应提高采空区注浆设计的标准。

对于地质条件复杂、有多层采空区分布、采空区勘察精度较低、注浆施工经验较少的地区,在注浆施工前应选择一段路段进行现场注浆试验;对于地质条件简单、采空区勘察精度较高、区域注浆施工经验较多、注浆工艺较成熟的地区,可不进行现场注浆试验,直接进行注浆的设计和施工。

6.2.2 采空区覆岩移动的影响宽度参照《建筑物、水体、铁路及主要井巷煤柱留设与压煤开采规程》计算。因老采空区与新采区、准采区的覆岩移动变形规律不同,计算时采用不同的覆岩移动影响角。对于新采区和准采区,其覆岩移动主要是由开采过程引起的,采空区覆岩移动的影响宽度按覆岩移动角计算;对于老采空区,其覆岩移动主要是由残余空洞、裂隙的再冒落和压密过程引起的,其在地表的影响范围远较开采过程小,采空区覆岩移动的影响宽度可按覆岩活化移动影响角计算。

基岩移动角值随开采深度的增加而增大,随开采厚度的增加而减小,与开采深厚比呈正相关关系。因此在使用本细则表6.2.2-2的规定取值时,应考虑开采深厚比的影响,深厚比愈大,移动角取值相应也愈大。另外,采空区覆岩移动的影响范围与矿山开采方式、回采率、开采深厚比、覆岩的软硬程度以及矿山开采时间等因素有关。

由于山区地表采动点的移动有向下坡方向滑移的分量,导致山区移动范围增大。因此当公路建(构)筑物位于山地坡脚等低洼部位,邻近山体上坡方向下方有新采区或准采区时,应考虑公路建(构)筑物可能受到采动滑移影响。根据资料分析,移动角$\delta(\gamma)$一般应减小10°~15°,并且减小值与坡角有关,坡角愈大,减值愈大。

采空区边界以内自下而上主要发育岩层破断、冒落形成的裂隙和空洞,其采空区处治深度应达采空区底板以下;采空区边界外侧至岩层移动影响范围以内主要发育自上而下的岩层剪应变和水平拉张裂隙,其采空区处治深度可按本细则公式(6.2.2-6)计算。

6.2.3 采空区处治范围的边缘部位应布设帷幕孔,其孔间距一般取10m±5m。当采空区处治范围的边缘部位存在大的空洞时,其孔间距宜取小值。

注浆孔宜采用梅花型布设方式,其排距、孔间距可按表6.2.3的经验值确定。当煤层回采率大、顶板坚硬、冒落带和裂隙带的空隙、裂隙之间的连通性好,可取大值;反之应取小值。当采空区位于一般路段时,可取大值;当采空区位于高填、深挖路段或桥梁、隧道等构筑物地段时,则应取小值。

6.2.4 注浆管材料一般选用钢管;当采空区处治深度小于50m时,也可采用PVC管或PE管,以便节省材料,降低工程投资。采用PVC管或PE管时,要求壁厚大于2mm,强度大于3MPa。

6.2.5 采空区注浆以充填采空区及其覆岩中的空洞和裂隙为主,对浆材的细度、强度要求相对较低,为充填式注浆。水泥粉煤灰、水泥黏土类浆液结石体具有一定的强度,且造价低廉、材料来源丰富、浆液配制方便、操作简单,目前在工程中得到了广泛运用。

根据材料配比试验研究,水固比(质量比)取1:1.0~1:1.3时,浆液的可注性良好,可在注浆施工中采用。浆液的浓度使用,应由稀到浓,一般根据工程目的、施工现场的具体情况,选用适当的浓度比级。采空区充水时,宜采用较大的浓度比级。反之采用较小的浓度比级。路基注浆材料配比,水泥可调整为20%,或更高。

采空区注浆对浆液的凝结时间指标、结石体强度有一定要求,在确定固相比时应根据工程对浆液的初、终凝时间、单轴抗压强度要求,确定水泥、粉煤灰或水泥、黏土的比例。为了提高采空区处治效果,在处治桥梁、隧道等重要构造物下伏采空区时,应适当增加水泥的用量。

当采空区空洞和裂隙发育,地下水流速大于200m/h时,为节省注浆材料,通常先灌注砂、砾石、石屑、矿渣等集料,以此充填大的空洞和裂隙,减小过水断面,增加水流阻力,为有效注浆创造条件。

6.2.6 注浆压力的大小决定了浆液的有效扩散半径和充填、压密的效果。注浆压力大,浆液扩散距离大,空隙中浆液充填程度也高;但压力超过受注层的强度时,可能导致地层结构的破坏,对沉降稳定不利。注浆结束压力与采空区冒落带、裂隙带的空隙、裂隙发育程度、水文地质条件等有关,在注浆设计中,注浆压力的选择应以不使地层结构破坏为原则,通过注浆试验确定适宜的注浆压力。通常当注浆压力达到设计值时,结束吸浆量越小,注浆质量越好。

6.2.7 注浆量计算的关键是确定采空区剩余空隙率。该值的确定应以实测为主;无条件实测时,可采用经验数据。

6.2.8 处治单层采空区,采用全孔一次注浆法施工,用法兰盘简易止浆法止浆。采用直径不小于$\phi50mm$的钢管作为注浆管,将一端焊接一个大小与开孔孔径相接近的法兰盘,下入注浆孔变径处,用少量碎石、黏土将法兰盘与孔壁之间的孔隙封堵,然后采用水固比为1:2的水泥浆或42.5级快凝水泥稠浆将注浆管与孔壁胶结在一起,水泥浆灌注高度不应小于8m。

处治多层采空区,当各矿层间冒落带、裂隙带互相贯通时,宜采用上行式注浆法;当各矿层间冒落带、裂隙带没有互相贯通时,宜采用下行式分段注浆,用套管止浆。其方法是:开孔孔径进入完整基岩4~6m,灌注1:2或更浓的加水玻璃的水泥浆。其水泥浆柱高度不小于8m,接着下入止浆管,待水泥浆终凝或24h后再变径钻至第一个煤层采空区的设计深度。在孔口管上安装注浆用的三通管即可注浆。该层段注浆结束,待水泥浆终凝后扫孔并钻至第二个采空区深度,仍用孔口三通管注浆直至结束。如此注浆、扫孔的多次重复直至最下层采空区注浆结束止。

6.3 其他处治设计方法

6.3.1 该方法是采用人工对采空区进行干(浆)砌筑墙体或墩柱来支撑顶板,以防止采空区顶板产生塌落,引起上覆公路工程变形破坏。

对于矿层开采后顶板尚未塌陷的采空区,可采用非注浆充填方法(包括干砌片石、浆砌片石、井下回填等方法)。由于采空区的工程地质条件复杂,应针对采空区的具体情况,采用适宜的处治方法,达到最佳治理效果。干砌片石、浆砌片石、井下回填等方法的技术规定可参照相应的规范执行。

B_2可根据采空区顶板稳定性取值,顶板较稳定取小值,反之取大值。

塌落影响系数是根据采空区上覆岩层塌落和沉降情况确定,该系数的选取可采用类比法。

6.3.2 该方法是采用爆破、人工或机械开挖,然后再回填压实以达到处治采空区之目的。回填材料要求、质量控制按照《公路路基设计规范》(JTG D30—2004)的相关规定要求执行。

6.3.3 该方法是采用人工对现有的巷道进行加固,保证巷道的稳定,以防止巷道产生塌落引起上覆公路工程的破坏。

对正在使用的巷道加固设计应按照《公路隧道设计规范》(JTG D70—2004)的相关规定和要求办理;对废弃的巷道,如具备井下作业条件,可采用干(浆)砌支撑法进行处治,如不具备井下作业条件,可采用注浆法进行充填处治。

6.3.4 强夯法是反复将夯锤(质量一般为10~40t)提到一定高度使其自由落下(落距一般为10~40m),给地基以冲击或震动能量,从而破坏上覆岩土体,通过先破坏后夯实的途径达到处治采空区目的。

强夯法处治是根据《建筑地基处理技术规范》(JGJ 79—2002)的相关内容编写。

强夯法应根据采空区的覆岩强度、完整性及埋深选用合适的夯击能,夯击能和夯击遍数宜根据现场试验确定。

6.3.5 该方法是采用桥梁或梁、板跨越采空区。

跨越法包括桥梁跨越采空区和桩基穿越采空区两种方式。采用桥梁构造物跨越采空区时,设计应根据《公路桥涵设计通用规范》(JTG D60—2004)、《公路桥涵地基与基础设计规范》(JTG D63—2007)、《公路钢筋混凝土及预应力混凝土桥涵设计规范》(JTG D62—2004)及其他相关现行规范执行。

桩基穿越采空区时,宜先对采空区进行注浆处治,处治效果经检测符合要求后,再进行桩基的施工。这样做有两方面的好处,一是避免了因采空区塌陷对桩基产生负摩阻;二是可以确保桩基的成孔和成桩质量。

7 采空区处治施工

7.1 一般规定

7.1.1 针对不同的采空区工程地质条件及其要素特征,结合公路等级和工程类型,采空区处治施工应采用不同的施工方法、施工工艺。施工前,工程技术人员应熟悉、核实勘察设计文件及有关资料,编制施工组织设计,确保施工的有序进行。

7.1.2 采空区是人工开采矿层的产物。应根据施工过程中发现的实际情况,进行动态设计与优化设计。

7.1.3 施工前选择具有代表性的路段作为试验段,按设计注浆孔总数5%～10%的孔数进行现场注浆试验,试验内容包括成孔工艺、注浆施工工艺、注浆设备、浆液的配比等。在分析与总结试验成果的基础上确认适宜的施工方案。

7.2 注浆法处治施工

注浆处治施工主要工序包括施工准备、注浆孔施工、孔口管浇筑、采空区注浆及封孔、整理竣工资料等。各工序的进度应相互匹配。

7.2.1 施工准备的顺序为:机构组建——施工图纸阅读——人员、设备进场——临建——施工现场三通一平——建立注浆站——材料准备——设备调试。

1 施工机械设备

注浆浆液的搅拌必须分两级进行,二级搅拌池的容积,应是一级搅拌池一次制浆量的1.5～2倍。主要搅拌设备以立式水泥浆搅拌机为主,如地形条件允许,可自制二级搅拌池。

注浆泵应根据设计的注浆终压及泵量选型,应选用压力、流量可调节的专用注浆泵,如注浆材料有腐蚀性,宜选用耐腐蚀的注浆泵。

止浆设备或装置的选型应尽量简单、操作方便、止浆可靠。常用的止浆设备为自制的法兰盘止浆器,法兰盘直径大小应与注浆孔径相匹配。

阀门应便于拆卸,密封性好。压力表应结构简单,操作维修方便,计量可靠,并与注浆压力相匹配。采空区注浆过程中,当注浆压力大于 2MPa 时,应采用高压注浆阀门、大量程压力表;当注浆压力小于 2MPa 时,应采用低压注浆阀门、小量程压力表。

2　注浆工程试验室的面积不应小于 20m²,所需主要仪器见表 7-1。

表 7-1　试验室常用仪器一览表

名称	规格型号	单位	数量	名称	规格型号	单位	数量
托盘天平	0~1kg,感量 1g	台	1	吸球		个	3
水泥稠凝测定仪	1006 型泥浆黏度计	台	1	滴定管	50mL	个	2
圆形试模	φ65mm,高 40mm	个	10	漏斗		个	2
方形试模	7.07cm×7.07cm×7.07cm 或 5cm×5cm×5cm	个	10	毛刷	φ15mm、φ30mm	个	各 3
				水桶	20L	个	4
秒表	0.1s	块	2	闹钟		个	2
波美计	0~70°Be′	支	10	塑料口杯		个	10
温度计	0~50℃	支	10	电炉	1 000~1 500W	个	1
搪瓷缸	1 500、1 000、500mL	个	各 6	托盘秤	10kg	台	1
烧杯	800、500mL	个	各 20	牛角勺		个	4
量筒	1 000mL	个	2	养护池	面积 3~4m²	个	1
	500mL	个	4				
	200mL、100mL、50mL	个	各 6				
广口瓶	1 000mL	个	4	玻璃棒	φ5~10mm	m	2
小广口瓶	1 000mL	个	8	压力机	5~20t	个	1

3　注浆站

注浆站的平面和立面布置可参见图 7-1 和图 7-2。

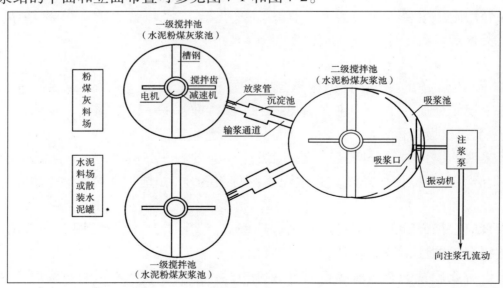

图 7-1　注浆站水泥粉煤灰制浆池平面示意图

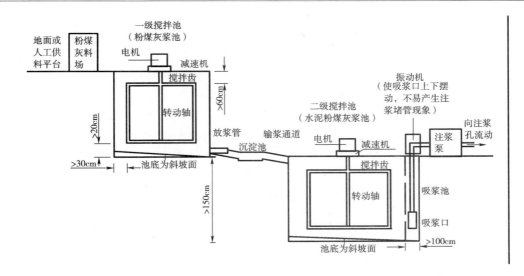

图 7-2　水泥粉煤灰注浆池立面示意图

4　注浆材料

结合工程进度,合理调配材料进场数量,严把材料质量关。施工前认真考查和选择原材料产地,并进行抽检,抽检合格并经监理认可后方能进场。

7.2.2　注浆孔(帷幕孔)施工的顺序为:先施工低点帷幕孔,后施工高点帷幕孔及中间注浆孔,并由采空区底板标高相对较低位置的注浆孔开始,逐渐止于采空区底板标高相对较高的位置结束。对每一个钻孔操作流程为:测量定点——钻机就位——校正——钻孔—终孔报验——钻孔测斜——提交钻探成果资料。

1　钻孔施工

钻进过程中应采取措施,达到钻孔的技术要求,防止钻孔偏斜。注浆孔钻进常用防斜与纠偏方法见表 7-2。所谓特殊孔位是指在某一巷道的注浆孔。

表 7-2　注浆孔钻进防斜与纠偏一览表

项　目	措　施
钻进防斜	1. 钻进时,可使用钻铤防斜。 2. 在可钻性为 3~8 级的岩石中钻进,钻头压力为 40~60MPa。 3. 软硬换层时,应采用慢转、轻压(30~40MPa)。 4. 使用耐磨损的钻头钻进,钻头焊接平整;钻杆间加导向箍,减弱钻杆甩度;变径时应采用导向措施。 5. 钻进时,机上余尺不宜过长;岩芯管长度不宜超过 4m。 6. 开孔时应使天轮中心、立轴中心、钻孔中心三点在同一垂线上。立轴导管与主动钻杆空隙过大时要及时更换。 7. 经常检查钻具是否弯曲,禁止用弯曲的钻杆钻进。 8. 按设计要求频次测斜,发现问题及时纠偏。 9. 控制回次进尺,及时提钻,提高岩芯采取率;应防止脱落岩芯,当岩芯脱落时,应及时捞上来再钻进。 10. 使用扭矩大的钻机,大流量的泥浆泵,刚性大的钻具

续上表

项　目		措　施
孔斜纠偏	注浆封堵重新开孔扫斜	1. 封堵材料可用水泥加三乙醇胺复合外加剂，水灰比为 0.75:1～0.6:1。 2. 封堵孔斜与正常注浆方法相同，压力达终压后应维持20min，以提高封堵质量，当不能达到终压时，要增长养护期。 3. 一般经48h养护后，用轻压、慢转扫斜，钻出的新孔偏斜及方位角均符合要求时，方可转入正常钻进
	扫	利用翼片较多的扫孔钻头，慢慢从偏斜处上方往下扫孔，遇到台阶应防止滑掉
	扩	换用比原来钻头大的钻头扩大孔径，修正钻孔。扩至原深度再换用原钻头，将钻具悬吊1m左右，慢慢下放钻出一个新孔，钻进1～2m测斜合格，再转入正常钻进
	铲	从偏斜部位上部，用加重管带铲孔钻头，以垂直冲击的力量，将偏斜的部分铲掉，每次冲程2m左右，边铲边转动钻具，铲完一至两圈后，再进行第二冲程，铲出台阶后，利用扩孔钻头，扩大已铲过的一段，铲扩交替，直至铲不下去，再扩孔到底。铲孔时要注意找正三点一线，防止中心偏斜，影响铲孔
	移孔	用其他方法处理偏斜无效时，在设计允许前提下，移孔另钻孔
	纠偏	利用扶正器定向导斜纠偏

2　钻孔注浆前，应对注浆孔进行压水冲洗。其目的：
（1）检查注浆管路是否通畅及漏水。
（2）冲洗岩层裂隙，检查裂隙的堵塞情况。

7.2.3
1　注浆浆液配制
浆液的配比及性能指标，严格按设计文件及现场试验结果执行，确保浆液质量满足设计要求。施工中严格检测频率检验浆液的各项性能技术指标。
2　浆液性能指标
（1）黏度
黏度是度量浆液黏滞性大小的物理量，它表示浆液流动时内摩擦力的一种指标。内摩擦力 t 与沿接触面法线方向 n 的速度梯度 dv/dn 成正比，与流体本身的性质有关，而与接触面上的压力无关。
（2）结石率
水泥类浆液凝结后的固体称为结石体，结石体积与浆液体积之比称为结石率。
（3）固结体抗压强度
水泥粉煤灰浆液固结体试件的强度试验项目，包括单轴抗压强度、抗折或抗剪强度和抗拉强度等，其中单轴抗压强度为常用量。

7.2.4　注浆工程施工顺序除严格紧随钻孔施工顺序外，对串浆孔的注浆优先考虑。每个孔注浆施工流程为：制浆——浆液性能指标检测——泵送注浆——泵量、孔口压力定时观察记录——满足单孔结束标准——终孔报验——提交注浆成果资料。

(1)处治单层采空区时采用全孔一次注浆法。通过已有的采空区处治工程实践,采用法兰盘简易止浆法止浆简单易行。此法不完善之处在于:当法兰盘止浆装置安装完成,在注浆前发生塌孔或堵孔事故需进行扫孔时,法兰盘装置难于起拔,扫孔十分困难。

法兰盘简易止浆法宜采用直径不小于 $\phi 50mm$ 钢管作为注浆管,将一端焊接可置于开孔孔径内的法兰盘,下入注浆孔变径处,用少量碎石、黏土将法兰盘与孔壁之间的空隙封堵,然后采用 1:2 水泥浆或速凝水泥稠浆将注浆管与孔壁胶结在一起,水泥浆灌注高度不应小于 6m(图 7-3、图 7-4)。

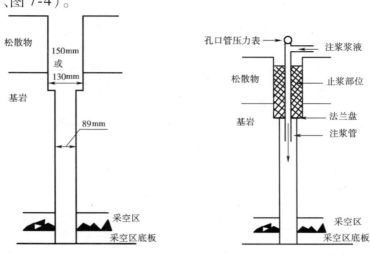

图 7-3　注浆孔结构示意图　　图 7-4　全孔一次注浆浇筑
孔口管示意图

(2)处治两层以上采空区时,止浆需多次完成,下行法注浆宜选用套管止浆,上行法注浆宜用止浆塞止浆。

下行法的要点是:以开孔孔径进入完整基岩 6m,灌注 1:2 或更浓的加水玻璃的水泥浆。水泥浆柱高度不小于 6m,然后立即下入护壁管(也是孔口管和注浆管),待水泥浆初凝或 24h 后再变径钻至第一个煤层采空区的设计深度。在孔口管上端安装注浆用的三通管即可注浆。该段注浆结束后卸掉上端注浆装置,扫孔并钻至第二个注浆段深度,重新安装孔口三通管注浆。直至完成最下层采空区的注浆施工。

下行法注浆简单易行,且工程质量好,缺点是工期较长。

上行式分段注浆法宜用止浆塞止浆。此法要求止浆塞下置在裂隙不发育的完整基岩内。如遇多层采空区塌落、岩石破碎、空隙、裂隙发育,则不宜采用此法。

(3)注浆压力、浆液稠度、浆液初凝的速度、注浆材料、注浆方法、地下水流速、采空区充填程度等因素影响注浆的有效扩散距离,因此,应通过现场试验确定各项指标。

(4)注浆前后及注浆时都必须观测邻孔的孔深及水位变化,以便及时发现和处理钻孔串浆现象。

(5)及时观测注浆泵压、孔口压力及吸浆量的变化,根据系统观测记录,可判断正常进浆、跑浆或接近结束注浆标准。

7.2.5

（1）注浆中可通过变换浆液浓度、注浆压力、浆液初凝时间和注浆方法,控制浆液扩散距离,减少材料消耗。空洞较大,上述方法无效时,可在注浆材料中添加砂、碎石、石粉等集料。

（2）当注浆施工因故暂停时,孔外输浆管路必须及时冲洗,以免浆液结块。冬季则放尽积水,或包扎防冻。

7.2.6

（1）质量管理工作通常由项目总工负责。质检工程师巡回检查、督促各班组质量管理措施的执行与落实。班组设立兼职质检员,具体负责施工中的质量工作。

加强工地试验室的检测管理,定期、定量对工程施工的材料、浆液配比及性能按设计要求进行规定频次的检测工作,杜绝不合格的材料进入工地、不合格浆液进入注浆孔。

定期召开工程质量管理例会,进行阶段性工程质量总结,发现问题及时解决,确保工程施工质量。

（2）施工过程中应设专人对注浆施工区域随时巡查,以便及时发现并处理输浆管路跑浆、地面冒浆及高压注浆导致的地面隆起等问题。

（3）安全管理。成立由项目经理负责,安全员、施工队长参加的安全组织机构,加强安全教育,制订详细的安全保证措施,保障员工的人身安全。要点如下：

①对易燃物品设专人管理,并配备足够的消防设备；

②对电源控制柜设专人管理,特殊工种人员必须持证上岗；

③高空作业人员必须配备安全带,施工人员必须配戴安全帽；

④危险设备及场地水池应设立围栏,并树明显警示标志；

⑤冬季取暖须注意防火安全。

8 采空区处治监测与检测

8.1 一般规定

8.1.1~8.1.5

(1)采空区公路监测是指采空区公路在勘察、处治设计、施工及运营全过程中的监控,也可是其中某一个阶段的监控。检测是采空区处治后的质量检查,检测的内容和数据是采空区处治效果评价的重要依据。

(2)采空区处治监测和检测是控制采空区注浆处治工程质量的两个方面,是采空区处治的重要组成部分,同时也是做好预警工作的前提。采空区公路监测和处治效果检测是确保工程质量及运营安全的重要环节,它与采空区的勘察、设计及施工一起构成了采空区处治工程的一个完整系统。

(3)采空区变形监测是一个长期的过程,监测宜从勘察阶段开始,贯穿于设计、施工和运营阶段。在监测过程中,监测周期并非一成不变。当观测数据出现变形量达到预警值或接近允许值,或观测点突然发生大幅垂直(沉降)或水平变形,或构造物出现裂缝或地表裂缝快速加大情况之一时,应增加监测频次,进行长时间观测,同时做出预警,通知业主及相关单位采取相应措施。

8.2 采空区处治监测

8.2.2 布设监测网,是为了建立变形监测的基准体系,直接获取监测体的变形量。由于自然条件的变化、人为破坏等原因,不可避免地有个别基准点位会发生变化,为了验证基点的稳定性,应对其进行定期复测。

8.2.3~8.2.9 在采煤工作面开始回采后,上覆岩层从采空区顶板开始,由下而上依次以冒落、断裂、离层、弯曲的形式移动变形。当工作面离开切眼的距离为平均采深的1/5~1/3时,这种移动开始波及到地表,不受采动影响的地表稳定点距切眼最小水平距离约为平均采深的0.7倍。开采深度越小,采动越充分,监测周期越短。开采深度越大,采动越不充分,监测周期越长。

依据《工程测量规范》(GB 50026—2007)表10.1.3,桥梁变形监测精度,特大桥不宜低于二等,大、中桥不宜低于三等;隧道监测可采用三等;一般的路基及附属工程变形监测精度,可采用四等。

8.3 采空区处治检测

8.3.1~8.3.2 钻探是最直观、最有效的检测方法,是定量评价处治效果的必要手段。通过对钻探过程中的埋钻、掉钻、进尺快慢、循环液消耗、岩体完整程度等情况的分析对比,对采空区处治效果进行评价。

钻探施工应采用清水钻进,及时准确地观察、记录循环液的消耗量及其层位、深度;岩芯采取率应大于90%,对采空区冒落带必要时采用双管等特殊取芯设备。检测孔的深度应进入采空区(或煤层)底板下6m,以便于孔内物探工作的进行。对钻孔取芯所得到的浆液结石体,将其标准养护72h后送试验室按现行《公路工程水泥及水泥混凝土试验规程》(JTG E30)进行室内无侧限抗压强度测试。

浆液的充填率又称充填系数,是注入采空区内浆液的体积与空洞总体积的百分比,取值在0.80~0.95之间。

检查孔的布设,以桥梁、隧道及路基采空区治理范围为重点检查部位,采空区治理范围外及保护带为次要检查部位,同时应兼顾存在质量隐患的部位,如在注浆处治过程中单孔耗浆量过大,或出现中断等异常现象的部位,或地质结构复杂、冒落塌陷严重的部位以及采空区的外边缘带与内边缘带的不稳定部位。

8.3.3 采空区处治后受注层平均剪切波(横波)速的确定,是参照现行《建筑抗震设计规范》(GB 50011)关于剪切波速划分场地土类型标准,处治后的采空区相当于中硬土。

介质的纵波波速与横波波速之比,与介质的泊松比有关。纵波与横波的关系表达式为式(8-1):

$$\frac{v_\text{p}}{v_\text{s}} = \sqrt{\frac{2(1-\mu_\text{d})}{1-2\mu_\text{d}}} \tag{8-1}$$

式中:v_P——纵波波速(m/s);

v_s——横波波速(m/s)。

由式(8-1)可得,$v_\text{P}/v_\text{s} = \sqrt{3} = 1.73$,在检测过程中当测读横波困难时,可以用纵波做参考。

孔内电视、开挖、跨孔弹性波CT、瑞雷波(面波)和高密度电法等为采空区处治效果的辅助检测方法,可参考使用。

8.3.4~8.3.8

(1)注浆检测是桥隧检查孔中内进行的最后一个检测项目,浆液采用纯水泥浆,注浆工艺和注浆参数同采空区注浆处治设计,停注压力为2~3MPa,吸浆量小于50L/min,持续时间均为10~15min,根据注入浆量的多少,评价采空区处治效果。

一般认为,注入浆量如果小于处治施工时单孔平均注入量的5%,认为采空区处治已达到设计要求,处治效果良好。注入浆量如果大于处治施工时单孔平均注入量的5%,认为采空区处治效果存在质疑,必须查明原因,采取补救措施。

注浆压力控制要适当,压力过大地表隆起,产生新的裂缝,破坏岩体的原有结构,使岩体产生损伤;压力过小,残余空洞得不到有效充填,达不到处治效果。

(2)跨孔弹性波CT检测包括地震波和大功率跨孔声波,通过处治前后纵、横波波速的差异,可评价岩体完整性提高程度和岩体弹性模量的提高情况。

8.4 采空区处治质量验收标准

8.4.1~8.4.5 根据多年采空区注浆处治检测数据统计分析,路基采空区处治质量验收标准为浆液结石体抗压强度不应小于0.6MPa,孔内横波波速应大于250m/s。

桥梁和隧道采空区验收标准为结石体抗压强度不应小于2.0MPa,横波波速应大于350m/s,同时注浆检测中纯水泥浆量应小于处治施工时注浆孔平均单孔注浆量的5%。

公路工程现行标准、规范、规程、指南一览表

(2018年1月)

序号	类别	编 号	书名(书号)	定价(元)
1	基础	JTG 1001—2017	公路工程标准体系(14300)	20.00
2		JTG A02—2013	公路工程行业标准制修订管理导则(10544)	15.00
3		JTG A04—2013	公路工程标准编写导则(10538)	20.00
4		JTJ 002—87	公路工程名词术语(0346)	22.00
5		JTJ 003—86	公路自然区划标准(0348)	16.00
6		JTG B01—2014	★公路工程技术标准(活页夹版,11814)	98.00
7		JTG B01—2014	★公路工程技术标准(平装版,11829)	68.00
8		JTG B02—2013	公路工程抗震规范(11120)	45.00
9		JTG/T B02-01—2008	公路桥梁抗震设计细则(13318)	45.00
10		JTG B03—2006	公路建设项目环境影响评价规范(13373)	40.00
11		JTG B04—2010	公路环境保护设计规范(08473)	28.00
12		JTG B05—2015	★公路项目安全性评价规范(12806)	45.00
13		JTG B05-01—2013	公路护栏安全性能评价标准(10992)	30.00
14		JTG B06—2007	公路工程基本建设项目概算预算编制办法(06903)	26.00
15		JTG/T B06-01—2007	★公路工程概算定额(06901)	110.00
16		JTG/T B06-02—2007	★公路工程预算定额(06902)	138.00
17		JTG/T B06-03—2007	★公路工程机械台班费用定额(06900)	24.00
18		交通部定额站2009版	公路工程施工定额(07864)	78.00
19		JTG/T B07-01—2006	公路工程混凝土结构防腐蚀技术规范(13592)	30.00
20		JTG/T 6303.1—2017	收费公路移动支付技术规范 第一册 停车移动支付(14380)	20.00
21		交通运输部2015年第40号	★收费公路联网收费多义性路径识别技术要求(12484)	40.00
22		JTG B10-01—2014	公路电子不停车收费联网运营和服务规范(11566)	30.00
23		交通运输部2011年	公路工程项目建设用地指标(09402)	36.00
24	勘测	JTG C10—2007	★公路勘测规范(06570)	40.00
25		JTG/T C10—2007	★公路勘测细则(06572)	42.00
26		JTG C20—2011	公路工程地质勘察规范(09507)	65.00
27		JTG/T C21-01—2005	公路工程地质遥感勘察规范(0839)	17.00
28		JTG/T C21-02—2014	公路工程卫星图像测绘技术规程(11540)	25.00
29		JTG/T C22—2009	公路工程物探规程(1311)	28.00
30		JTG C30—2015	★公路工程水文勘测设计规范(12063)	70.00
31	设计	公路	JTG D20—2017	公路路线设计规范(14301)	80.00
32			JTG/T D21—2014	公路立体交叉设计细则(11761)	60.00
33			JTG D30—2015	★公路路基设计规范(12147)	98.00
34			JTG/T D31—2008	沙漠地区公路设计与施工指南(1206)	32.00
35			JTG/T D31-02—2013	★公路软土地基路堤设计与施工技术细则(10449)	40.00
36			JTG/T D31-03—2011	★采空区公路设计与施工技术细则(09181)	40.00
37			JTG/T D31-04—2012	多年冻土地区公路设计与施工技术细则(10260)	40.00
38			JTG/T D31-05—2017	黄土地区公路路基设计与施工技术规范(13994)	50.00
39			JTG/T D31-06—2017	季节性冻土地区公路设计与施工技术规范(13981)	45.00
40			JTG/T D32—2012	★公路土工合成材料应用技术规范(09908)	50.00
41			JTG D40—2011	★公路水泥混凝土路面设计规范(09463)	40.00
42			JTG D50—2017	★公路沥青路面设计规范(13760)	50.00
43			JTG/T D33—2012	公路排水设计规范(10337)	40.00
44		桥隧	JTG D60—2015	★公路桥涵设计通用规范(12506)	40.00
45			JTG/T D60-01—2004	公路桥梁抗风设计规范(13804)	40.00
46			JTG D61—2005	公路圬工桥涵设计规范(13355)	30.00
47			JTG D62—2004	公路钢筋混凝土及预应力混凝土桥涵设计规范(05052)	48.00
48			JTG D63—2007	公路桥涵地基与基础设计规范(06892)	48.00
49			JTG D64—2015	★公路钢结构桥梁设计规范(12507)	80.00
50			JTG D64-01—2015	公路钢混组合桥梁设计与施工规范(12682)	45.00
51			JTG/T D65-01—2007	公路斜拉桥设计细则(1125)	28.00
52			JTG/T D65-04—2007	公路涵洞设计细则(06628)	26.00
53			JTG/T D65-05—2015	公路悬索桥设计规范(12674)	55.00
54			JTG/T D65-06—2015	公路钢管混凝土拱桥设计规范(12514)	40.00
55			JTG D70—2004	公路隧道设计规范(05180)	50.00
56			JTG/T D70—2010	★公路隧道设计细则(08478)	66.00
57			JTG D70/2—2014	公路隧道设计规范 第二册 交通工程与附属设施(11543)	50.00

续上表

序号	类别	编号	书名(书号)	定价(元)
58	桥隧	JTG/T D70/2-01—2014	公路隧道照明设计细则(11541)	35.00
59		JTG/T D70/2-02—2014	公路隧道通风设计细则(11546)	70.00
60	交通工程	JTG D80—2006	高速公路交通工程及沿线设施设计通用规范(0998)	25.00
61		JTG D81—2017	公路交通安全设施设计规范(14395)	60.00
62		JTG/T D81—2017	公路交通安全设施设计细则(14396)	90.00
63		JTG D82—2009	公路交通标志和标线设置规范(07947)	116.00
64	综合	交办公路〔2017〕167号	国家公路网交通标志调整工作技术指南(14379)	80.00
65		交公路发〔2007〕358号	公路工程基本建设项目设计文件编制办法(06746)	26.00
66		交公路发〔2015〕69号	公路工程特殊结构桥梁项目设计文件编制办法(12455)	30.00
67	检测	JTG E20—2011	公路工程沥青及沥青混合料试验规程(09468)	106.00
68		JTG E30—2005	公路工程水泥及水泥混凝土试验规程(13319)	55.00
69		JTG E40—2007	★公路土工试验规程(06794)	90.00
70		JTG E41—2005	公路工程岩石试验规程(13351)	30.00
71		JTG E42—2005	公路工程集料试验规程(13353)	50.00
72		JTG E50—2006	★公路工程土工合成材料试验规程(13398)	40.00
73		JTG E51—2009	公路工程无机结合料稳定材料试验规程(08046)	60.00
74		JTG E60—2008	公路路基路面现场测试规程(07296)	50.00
75		JTG/T E61—2014	公路路面技术状况自动化检测规程(11830)	25.00
76	施工	公路	JTG F10—2006	公路路基施工技术规范(06221)	50.00
77			JTG/T F20—2015	★公路路面基层施工技术细则(12367)	45.00
78			JTG/T F30—2014	公路水泥混凝土路面施工技术细则(11244)	60.00
79			JTG/T F31—2014	公路水泥混凝土路面再生利用技术细则(11360)	30.00
80			JTG F40—2004	★公路沥青路面施工技术规范(05328)	50.00
81			JTG F41—2008	公路沥青路面再生技术规范(07105)	40.00
82		桥隧	JTG/T F50—2011	★公路桥涵施工技术规范(09224)	110.00
83			JTG/T F81-01—2004	公路工程基桩动测技术规程(14068)	30.00
84			JTG F60—2009	公路隧道施工技术规范(07992)	55.00
85			JTG/T F60—2009	公路隧道施工技术细则(07991)	70.00
86		交通	JTG F71—2006	★公路交通安全设施施工技术规范(13397)	30.00
87			JTG/T F72—2011	公路隧道交通工程与附属设施施工技术规范(09509)	35.00
88	质检安全	JTG F80/1—2017	公路工程质量检验评定标准 第一册 土建工程(14472)	90.00
89		JTG F80/2—2004	公路工程质量检验评定标准 第二册 机电工程(05325)	40.00
90		JTG G10—2016	公路工程施工监理规范(13275)	40.00
91		JTG F90—2015	★公路工程施工安全技术规范(12138)	68.00
92	养护管理	JTG H10—2009	公路养护技术规范(08071)	60.00
93		JTJ 073.1—2001	公路水泥混凝土路面养护技术规范(13658)	20.00
94		JTJ 073.2—2001	公路沥青路面养护技术规范(13677)	20.00
95		JTG H11—2004	公路桥涵养护规范(05025)	40.00
96		JTG H12—2015	公路隧道养护技术规范(12062)	60.00
97		JTG H20—2007	公路技术状况评定标准(13399)	25.00
98		JTG/T H21—2011	★公路桥梁技术状况评定标准(09324)	46.00
99		JTG H30—2015	公路养护安全作业规程(12234)	90.00
100		JTG H40—2002	公路养护工程预算编制导则(0641)	9.00
101	加固设计与施工	JTG/T J21—2011	公路桥梁承载能力检测评定规程(09480)	20.00
102		JTG/T J21-01—2015	公路桥梁荷载试验规程(12751)	40.00
103		JTG/T J22—2008	公路桥梁加固设计规范(07380)	52.00
104		JTG/T J23—2008	公路桥梁加固施工技术规范(07378)	40.00
105	改扩建	JTG/T L11—2014	高速公路改扩建设计细则(11998)	45.00
106		JTG/T L80—2014	高速公路改扩建交通工程及沿线设施设计细则(11999)	30.00
107	造价	JTG 3810—2017	公路工程建设项目造价文件管理导则(14473)	50.00
108		JTG M20—2011	公路工程基本建设项目投资估算编制办法(09557)	30.00
109		JTG/T M21—2011	公路工程估算指标(09531)	110.00
110		JTG/T M72-01—2017	公路隧道养护工程预算定额(14189)	60.00
1	技术指南	交公便字〔2006〕02号	公路工程水泥混凝土外加剂与掺合料应用技术指南(0925)	50.00
2		交公便字〔2009〕145号	公路交通标志和标线设置手册(07990)	165.00

注:JTG——公路工程行业标准体系;JTG/T——公路工程行业推荐性标准体系;JTJ——仍在执行的公路工程原行业标准体系。
批发业务电话:010-59757973;零售业务电话:010-85285659(北京);网上书店电话:010-59757908;业务咨询电话: 010-85285922。